权利革命

The Rights Revolution

[加拿大] 叶礼庭 - 著

成起宏 - 译

Michael Ignatieff

南京大学出版社

THE RIGHTS REVOLUTION
by MICHAEL IGNATIEFF
Copyright © 2000, 2007 BY MICHAEL IGNATIEFF AND THE CANADIAN BROADCASTING CORPORATION
This edition arranged with HOUSE OF ANANSI PRESS INC.
through Big Apple Agency, Inc., Labuan, Malaysia.
Simplified Chinese edition copyright © 2023 Shanghai Sanhui Culture and Press Ltd.
Published by Nanjing University Press
All rights reserved.
版权登记号：图字10-2022-403号

图书在版编目（CIP）数据

权利革命 / (加) 叶礼庭著；成起宏译. —— 南京：南京大学出版社，2023.1
（现代人小丛书）
书名原文：The Rights Revolution
ISBN 978-7-305-26212-8

Ⅰ. ①权… Ⅱ. ①叶… ②成… Ⅲ. ①权利—研究 Ⅳ. ①D034.5

中国版本图书馆CIP数据核字(2022)第201392号

出版发行	南京大学出版社
社　　址	南京市汉口路22号　邮　编　210093
出 版 人	金鑫荣
丛 书 名	现代人小丛书
书　　名	权利革命
著　　者	[加] 叶礼庭
译　　者	成起宏
策 划 人	严搏非
责任编辑	郭艳娟
特约编辑	叶晗
装帧设计	道辙 at Compus Studio
印　　刷	山东临沂新华印刷物流集团有限责任公司
开　　本	787×1092 1/32　印张 7.5　字数 109千
版　　次	2023年1月第1版　2023年1月第1次印刷
ISBN	978-7-305-26212-8
定　　价	52.00元

网　　址 http://www.njupco.com
官方微博 http://weibo.com/njupco
官方微信 njupress
销售热线 （025）83594756

版权所有，侵权必究
凡购买南大版图书，如有印装质量问题，请与所购图书销售部门联系调换。

"现代人小丛书"策划人言

20世纪60年代以后,全球资本主义进入消费社会时代,奥威尔在《1984》中预言的"老大哥"的普遍统治并没有出现,但赫胥黎所预言的《美丽新世界》却欣然降临,人们生活在感官刺激的消费景观中,而自己也欢乐地成为这景观的一部分却不自知。

300年的现代性给人类社会带来巨大进步,许多过去年代不可想象的权利和自由成为人类生活不可或缺的基本内容,但它的问题也伴随着这些进步同时裸露出来,成为这个时代不可摆脱的困惑。

"现代人小丛书"的作者是一群世界一流的知识分子和专家,他们从各个不同的与日常生活紧密相关的领域或问题出发,向公众提供面对后现代社会诸多问题的基本知识和批判性思考。它不是一套传统的公民读本,它讲述的是即便人们已经有了基本政治权和社会经济权之后,现代社会依旧没有摆脱的工具理性的"铁笼"命运,而生活在其中的人们,当如何面对这些命运。在残缺的人性和不够坚强的道德理性面前,如何坚持对一种好生活的塑造。

这套书是理解今天之现代性的批判性思考,它应该成为今日社会的普遍知识,以帮助每个现代人在今天充满困惑的生活中保持批判的理性和审慎的乐观,以及,更重要的,保持并回归真正自我的本真。

目 录

001 前言

001 第一讲 民主和权利革命

035 第二讲 人的权利和人的差异

069 第三讲 台球桌还是百衲被：个体权利和群体权利

105 第四讲 权利、亲密和家庭生活

139 第五讲 权利、认同和民族主义

175 注释

189 参考书目

195 索引

前 言

我第一次通过加拿大广播公司电台发表梅西系列讲座（Massey Lectures），是在 2000 年，当时我是哈佛大学的教授。回溯过去，可以说《权利革命》开启了我在 2005 年投身国内公共生活的道路。跟每个加拿大人一样，我对加拿大也抱有自己特定的理念，而本书对这一理念作了概述。

作为加拿大人，我们已经成功地创造出一个平等公民的单一政治共同体，其中包括原住民民族、讲法语的人、讲英语的人，以及所有跟我一样、家族从外国移民来到这里的人。尽管语言、传统和文化迥异，但我们从中打造出了一个政治体系，将我们团结在一起，让我们可以平心静气地谈论这些差异。与世界上最强大的国家为邻，我们也成功地保持了一份独特的文化和一种足堪自豪的独立传统。所有这些都是毋庸置疑的成就。

加拿大的政治成就非常重要。这个世界最深层的问题不是气候变化，也不是所谓文明的冲突或富国与穷国之间的不平等——这些问题当然也重要。人类所面对的根本问题是政治的问题：如何在不同宗教、文化和经济阶层的人们之间创造稳定的政治秩序。只要国家能够凝聚成为切实可行的政治共同体，所有的问题都可以应对。但如果无法维持秩序和自由，它就解决不了任何问题。在这里，加拿大展示了这样一条道路：在珍视自身独特性但依然渴求作为平等主体生活于同一政治共同体的各民族之间，维系自由。

作为加拿大人，我们不是要高声炫耀自己的成就。我们知道，这一成就的最终实现依然还要经历漫长的跋涉。有许多民众未能分享我们所承诺的加拿大生活；有许多地区感到被排除在我们的成功之外；我们的民族团结是一项永远不会结束的工作。但我们知道我们应尽的使命。我们的《权利与自由宪章》（Charter of Rights and Freedoms）中被视为神圣不可侵犯的那些权利勉励我们所有人：要缩小我们现实生活中的加拿大，和我们知道能够共同建设的加拿大之间的差距。

还有其他国家也保持自己卓有成效的政治共同体。是什么令加拿大的成就与众不同？尽管所有现代民主政体都保护权利，但我们体系的特殊之处，在于它调和个体权利和群体权利的方式。我们的地方宪章和联邦宪章都保护群体的语言权利，保障了北美法语文化存在（French fact）的赓续。这些宪章也保护我们的第一民族（First Nations）[1]、因纽特人（Inuit）和梅蒂斯人（Metis）等民族的条约权（treaty rights）[2]与原住民权利。调和群体权利和个体权利并非易事。加拿大人既想让他们的平等得到承认，又要他们的差异得到尊重。他们想要被承认为平等的个体，同时又要让自己群体成员的身份得到认可。承认平等指向一个方向，而承认差异也许指向另一个方向。而且，虽然

---

[1] 第一民族（First Nations），加拿大境内的北美原住民族的统称，与美国的"印第安人"同义，但"印第安人"在加拿大社会中有冒犯之意。——译者注（本书所有脚注均为译者注）
[2] 这里的条约（treaty）在加拿大的语境中特指加拿大政府与原住民族之间签订关于土地、文化、政治身份等问题的条约。1982年宪章第35条规定了保障原住民族的"条约权"（treaty rights）。

加拿大所有的群体都应当平等，但不是所有群体都相同。加拿大原住民基于他们在欧洲定居者到来之前已经建立政治秩序的事实，主张自己拥有第一民族的地位。魁北克人基于他们曾身为法国殖民地的独特语言和历史，而将自己视作加拿大之内的一个民族群体。原则上，没有理由认为承认加拿大某些群体的民族特性会危及整体的统一。自从联邦成立以来，我们一直致力于协调这些相互冲突的原则，尽管通过宪法协调平等和差异依然困难重重，但我们的争论没有导致国家分裂。事实上，在如何平衡多数群体和少数群体的利益、如何维持一个复杂联邦的统一等方面，我们已经成为世界的样板之一。我们在这个世界上的使命是帮助其他国家深化和拓展他们公民身份的意涵，因为我们也一直在不断深化和拓展我们自己的。正如我们力求在国内促进"和平、秩序和善治"，在国外我们应当寻求实现同样的目标。

我们也已建立了美洲最为进步的政治文化。我们的法律保护所有加拿大人的平等权利，其中包括平等的婚姻权利，不论其性取向如何。我们的法律保护女性的选择权。《加拿大健康法》（Canada Health Act）

要求联邦政府和地方政府保障所有公民平等获得健康保障的权利。我们的宪法要求联邦政府运用其权力和经费，保证为所有地区的全体公民提供大体平等的服务。我们还有一些独特的成就。与美国不同，加拿大宪法并不承认携带武器的权利。加拿大不科处死刑。通过这些以及其他方式，我们的权利文化确立了我们作为一个进步民族的民族认同。

坚守这些担当不是那么简单的事情，稳定支持它们的政治共识并不存在。这需要政治领导能力来清晰地阐明这些价值为什么至关重要，为什么我们需要付出牺牲让它们发扬光大。在这些相互竞争的群体权利和利益发生冲突时，也需要政治领导人来做出妥协。如果要保持我们作为进步民族的独特性，并且找到将我们团结在一起的妥协之道，那么政治上的积极参与——包括公民的参与和领导人物的参与——便至关重要。

自本书首次出版以来，世界已经发生了很大变化。美国在2001年9月11日遭到了骇人的袭击，昭示着包括加拿大在内的大多数国家，必须学习应对恐怖主义袭击的威胁。各国政府都颁布了新的安全法案，改变了自由和安全之间的平衡。在 2004 年出版的另一本书《次级罪恶：恐怖时代的政治伦理》(*The Lesser Evil: Political Ethics in an Age of Terror*) 中，我探讨了恐怖主义对民主社会的组织机体构成的挑战。尽管所有民主政体都必须对抗恐怖袭击，保卫自己，但他们必须以不背叛自己准则的方式行事。作为民主政体，他们在战斗的时候必须将一只手绑在身后；作为民主政体，他们之所以取胜，是因为他们有所不为。所以，在任何民主社会，刑讯必须加以禁止。审讯必须严厉，但必须自始至终合乎法律。对恐怖分子嫌疑人的预防性短期羁押可以是合法的，但对任何人——不管是公民还是非公民，无限期羁押则是非法的。针对袭击了国家的武装恐怖分子，军事攻击行动是正当的，但杀害平民和无差别地攻击民用设施则不是。不管在什么情况下，伦理和战略上的利己应当迫使民主领导人对恐怖主义问题寻求一种经过权衡和控制的解决方式。这样的方式有助于防止陷入恐怖主义一直想设下的陷阱：激怒民主政体，使其采取镇压行动，从而令恐怖分子取得他们单凭军事手段无望取得的政治胜利。

作为民主国家，加拿大在反对恐怖主义的战斗中不能保持中立、袖手旁观。我们已经看到，恐怖主义组织不会允许我们抱持只做旁观者的奢望。要保护我们自己和我们的盟友，挑战在于：牢记我们是自由的民族。除非我们真正尊重我们的价值，除非我们允许这些价值约束我们的冲动、激励我们遵循最高标准的行为准则，否则我们不可能捍卫它们。权利之所以至关重要，不仅因为它们保护我们免受政府滥权之害。权利也保护我们免受自身之害，避免我们自以为是地相信为了自卫我们可以无所不为。不是凡事皆可行。如果要尊重我们自己，尊重加拿大的自由呈现给我们所有公民和全世界的巨大成就，我们就必须尊重这些限制。

第一讲 民主和权利革命

在这几场讲座中，我将讨论我们人生中经历的一场根本性变革。我将这一变革称为权利革命，来讨论：权利的话语是如何以令人惊异的方式改变我们对自身作为公民、作为男人和女人、作为父母的看法的。20世纪60年代，权利革命开始在所有工业化国家发生，其进程至今仍在持续。只要稍微想一想，就会发现外面有多少关于权利的话语：女性的权利、男同性恋者和女同性恋者的权利、原住民权利、儿童权利、语言权利，还有宪法权利。在某种意义上，权利革命是一个关于纳入（inclusion）的故事，讲叙从前被排除在外的群体如何获得平等的权利。就这一点而言，权利的扩展拓宽、深化了我们的民主。然而，在第二层意义上，权利革命一直涉及保护某些群体不受民主之害。之所以设计出群体的语言权利、原住民对土地及资源的权利，是为了让少数人群能够在多数群体的选举优势下保护对自身生存关键的要素。

换句话说，权利与民主之间存在双重关系。经民主选举的代表将权利写进法律，表达人民的意愿。但也存在一些权利，其目的是为了保护人民免受这种意愿之害，为多数群体的所作所为设定约束。人权和受宪法保障的权利应当拥有不受多数群体限制的特别豁免，这让它们可以充当保护弱者自由的堡垒。所以，权利革命有双重效应：它既关乎促进我们平等的权利，又关乎捍卫我们差异的权利。想兼顾促进平等又保护差异，正是权利革命的根本挑战，这也是我想要在这些讲座中跟你们一起探索的东西。

权利不只是枯燥的、拘泥于法律条文的术语。因为权利代表我们为最珍视的价值——尊严、平等、尊重——赋予法律意义的努力，所以它们已深深地根植于我们的心灵之中。权利不只是法律的工具，它们表达我们作为一个民族的道德认同。当我们看到正义得到伸张，比如一个被不公正地关押的人获得自由，或者一个长期受到压迫的人挺起身躯声张她的权利，我们的内心深处会有一种情感升腾而起——那是想要生活在一个公正世界的渴望。权利也许过于精准、拘泥于法律条文、枯燥无味，但它们是人类表达这一渴望最主要的手段。

重要的是，我们要知道这一渴望是全球性的现象。关于权利的话语在加拿大势不可当的原因之一，是不论我们将目光投向哪里，世界各地的人们都在为他们的权利而战斗。自1948年《世界人权宣言》(Universal Declaration of Human Rights)发表以来,过去半个世纪的历史是一部殖民地民族为争取自由而进行的斗争史,有色人种和女性这样的少数群体争取完全公民权的斗争史,以及原住民民族争取自治的斗争史。其中一些斗争已经铭刻在我的记忆之中。我记得那一小群抗议者经过阿拉巴马州塞尔马(Selma)埃德蒙·佩特斯大桥(Edmund Pettus Bridge)的电视画面,他们正前往蒙哥马利(Montgomery),为美国南部的黑人要求投票权。我记得纽约上州阿提卡监狱(Attica prison)的那些人发动起义,抗议狱中恶劣的生活条件。州警和国民警卫队武力接管监狱,造成43名囚犯死亡。在最后的攻击前,一名囚犯说:"在遭受长期折磨之后,我们下定决心,如果不能像人一样活着,那么我们做好了准备,要像人一样死去。"[1] 从这些例子中,我知道人类将某些东西看得比自己的生存更为重要,而权利,就是他们最经常用来表达愿意为之献身的价值的语言。

20世纪70年代和80年代发生在欧洲的斗争也帮助加拿大人认识到,权利革命是真正全球性的革命。波兰杰出的船厂电气工人莱赫·瓦文萨（Lech Walesa）领导的团结工会运动，创建了中东欧的第一个自由工会。在捷克斯洛伐克，有以瓦茨拉夫·哈维尔（Václav Havel）为代表的作家和剧作家们领导的"77宪章"运动，为东欧人民争取公民权利和政治权利。最后，还有帮助苏联犹太人的运动，而加拿大犹太人社群的成员在其中发挥了重要作用。我清楚地记得，在我 1990 年从乌克兰的基辅到维也纳的旅途之中，同行的是一火车前往以色列的苏联犹太人。他们惶恐不安，迷惘困惑，整晚不眠地问我关于以色列的问题，而这个国家我只去过一次。他们不知道自己要去的是什么地方，但他们清楚地知道自己正在离开，离开一片连最卑微的自由对他们都遥不可及的土地。所有这些全球各地争取权利的斗争，为我们时代的走向带来了巨大的政治影响。因为争取权利就是争取真实的生活，就是要求终结说谎的政权，就是为了最终免于恐惧和耻辱的生活。在东德内部以争取权利开始的运动，最终将东德送入了历史。在 1989 年 11 月那些令人无法忘怀的日子里，柏林墙被轰然推倒，权利革命改写了历史。

第一讲 民主和权利革命

所有这些胜利都来之不易。权利革命讲述的是斗争的故事。事实上,权利的概念来自英国和法国的男性土地拥有者推翻贵族和国王的暴政、确立财产权利和正当程序的斗争。但关于权利的一个反讽之处就在于,赢得了权利的人们并不一定愿意让其他人来分享。过往的白种男人奋力才得到的东西,他们拒绝给接踵而来的其他所有人——女性、黑人、劳动人民。权利要求我们担负起平等的义务——这个理念很不显明。例如,已经享受选举权和财产权几百年的男性并不认为女性也应当拥有它们,他们在排斥这些现在看上去不证自明的诉求时表现出了令人震惊的智谋。与此类似,工会权利——如禁止雇佣非工会人士的政策、集体谈判等——过去被认定是对个体工人和雇主自由的无耻侵犯。这呈现出一种讽刺的意味:要否定他人的权利,最有效的方式莫过于声称他们否定了你自己的权利。争取工会权利的斗争必须揭露和挫败这些说法。工人们这样做了。他们在寒风中站在工厂大门口,高举标语,要求获得在他们的工厂中组织工会的权利。从1880年开始,差不多直到1945年,北美的工人证明了,集体的工会权利是反抗雇主不合理的经济权力唯一有效的方式。

历史表明，我们的权利遗产从来不是绝对保险、无懈可击的。就在此时此刻，在渥太华、华盛顿或伦敦，有些聪明的官员正在谋划新颖独创的方法，来限制我们在互联网上自由交流的权利。英国的工党政府——居然是工党的政府！——正考虑出台一项法案，允许警察监管互联网通信。下面这句话也许是一句老生常谈，但有些老生常谈确实极为正确：自由的代价是永远要保持警惕。

要感谢这些斗争——许多斗争到了我们上一代人方才取得胜利——西方自由社会已经走到自身历史的一个崭新时刻。有史以来第一次，它们努力让民主在全体纳入的前提下运作。每个人拥有同等权利，每个人拥有让自己的声音被听到的权利。民主应当属于每一个人。怪不得西方的精英从20世纪60年代起就担忧我们的社会变得越来越难以统治。当然，他们的意思是，我们公民越来越不服从，越来越不愿将政治丢给他们来处理。权利革命令社会更难控制，更难驾驭，更多争执。这是因为权利的平等使社会更具包纳性，而对权利的保护限制了政府的权力。拥有强烈维护权利文化的国家当然很难统治。但谁说民主的运作必须波澜不惊？民主是一场杂乱的混战，冲突会慢慢变成程序。只要冲突止于暴力，它就胜过平庸的、人为控制的共识。让我们套用贝蒂·戴维斯[1]的话：系好安全带，权利革命是一条颠簸之旅。

很少有国家的权利之旅能比加拿大的更加颠簸。从20世纪60年代以来，我们一直处于半永久的政治危机之中。尽管联合国的研究把加拿大排在最吸引人的居住地排名前列，但在与政治文化相关的生存焦虑排名中，我们也居于前列。从20世纪60年代魁北克的"平静革命"，到更晚近的原住民复兴运动，将这两者纳入我们政治机体的努力，为加拿大联邦的合法性带来了问题。

如果把问题只留给加拿大的精英们，他们更愿意独自应对这场危机。但加拿大的政治叙事之所以如此有趣，在于女性组织、原住民团体和普通公民艰难地杀出了一条路，来到谈判桌前，从而既扩展了宪法变

---

[1] 贝蒂·戴维斯（Bette Davis, 1908—1989），美国著名女演员。在1950年的电影《彗星美人》（*All about Eve*）中，她有一句经典台词："系好安全带，今夜将是颠簸之旅。"

革的进程,也扩大了战果。加拿大抛弃了由政府和第一部长们主宰的宪制辩论,迈向了主要由公民、利益团体和各民族推动加以更新的宪法体系。宪法的变革也许开始于特鲁多总理[1]以个体权利的平等来巩固加拿大统一的渴望,但到这个进程结束的时候,加拿大人认定个体权利是不够的,保障集体的语言权利,以及保护女性平等、多元文化传承和原住民的土地主张都在抗争下写入了1982年通过、成为法律的《权利与自由宪章》。

其结果是,加拿大形成了世界上最为独特的权利文化之一。首先,在关于堕胎、死刑和同性恋者权利这样的道德问题上,我们的法律非常自由化、世俗化,支持个人选择。因此,相比美国,它们与欧洲人的标准更为接近,更加类似。尽管我们与南边的邻居有相似的生活方式,共享同样的公共媒体,但对于权利问题我们有自己的思维习惯。其次,在享受福利和公共援助权利的问题上,我们的文化属于社会民主主义。加拿大人理所当然地认为,公民有获得免费医疗的权

---

[1] 皮埃尔·特鲁多(Pierre Trudeau, 1919—2000),加拿大政治家,两度出任加拿大总理。

利，也有享受失业保险和公共养老金的权利，这和我们南边邻居的不同是显著的。关于我们权利文化的第三个突出特征，当然是我们特别强调群体的权利。这首先表现在魁北克的《法语宪章》(《101法案》)，其次呈现于给予原住民群体土地和资源的条约协定之中。除新西兰外，任何其他国家都没有对群体权利的理念给予如此程度的认可。[2]

加拿大权利文化的第四个突出特征，在于我们是极少数将分裂我们联邦的条款和条件真实书写下来的国家之一，近期的最高法院判决和联邦立法均是重要体现。[3] 从两次关于国家未来的公民投票中幸存之后，加拿大人有理由担心，我们可能逃不过第三次。所以英语群体和法语群体都力求列明：各民族群体在何种条件下有权脱离联邦，关于脱离联邦的公民投票应当如何设计从而保证授权清晰明确，还有那些脱离联邦的群体和留在联邦内的群体之间应当如何进行协商。从局外来看，这种寻找脱离问题"明晰性"的努力可能既疯狂又危险。讨论这个问题，难道不是会令它更有可能发生吗？加拿大人赌的，是明晰性让分裂更不可能发生——这是不是一种怪异的天才想法？这种想法与直觉相悖，但并不傻：如果所有人都知道规则，那么就不会有意料之外的危机。单方面脱离被法律排除在外。要分离，双方必须协商条件。如果双方都明白自己行为的后果，暴力和冲突的概率就会降低。

加拿大最高法院近期对脱离问题给出的判决，现在成了任何面临分离主张的国家的样板，被全世界所引用。它包含两个关于权利的关键理念。[4]第一，权利经常发生冲突，例如，魁北克的自决权与加拿大的领土完整权相冲突。第二，面对这些冲突，权利话语的目的是为和平的裁决提供便利（通过准确地划定冲突各方的利害关系，从而防止冲突演变成暴力）。权利不仅有助于使争端精确化，从而变得更加可处理，也有助于让每一方认识到，对方也拥有他们自己的权利。换而言之，尽量界定清楚脱离联邦的权利，目的不在于让脱离变得更容易，而是避免陷入内战噩梦。如果说我们成功地避免了这一噩梦，那不是因为加拿大人特别走运或者特别聪明，而是因为我们的权利文化确实发挥了作用。

从我们内部的角度来看，加拿大的政治常常像是惊险地躲过灾难的悬疑剧：差一点就成功的脱离公投；

在最后一刻破碎的宪改方案；白人和原住民之间为了土地（和龙虾）差点拳脚相向的对峙——有时确实打起来了。从外部来看——这是我采取的视角，因为我在祖国之外生活和工作——加拿大一直在富于创造性地寻找各种办法，以期能让一个多种族、多民族的大国生存下来，甚至走向繁荣昌盛。

加拿大人可能没有意识到这一点，但除了向世界出口其他东西，我们也输出我们的权利话语。来自蒙特利尔麦吉尔大学（McGill University）的法学教授约翰·汉弗莱[1]帮助起草了《世界人权宣言》。汉弗莱是一位民主社会主义者，也是致力于创建福利国家的社会重建联盟（League for Social Reconstruction）的创始人之一。[5]尽管《世界人权宣言》极为抽象，但它确实是迎着1945年"二战"胜利的曙光，将加拿大的社会民主主义推向世界的一种尝试。作为社会权利议程，宣言的许多条，包括医疗保险、失业救济和带薪假期等，对于第三世界国家也许不是特别现实，但它们显然包含了一种加拿大式的社会尊严之梦。

---

1 约翰·汉弗莱（John Humphrey，1905—1995），联合国人权事务司首任司长，《世界人权宣言》主要起草人。

还有更晚近的一些例子，说明了加拿大人在全球权利革命中扮演的中心角色。关于语言的条款刚刚被写入波罗的海国家的宪法，保障了这些国家中的少数民族俄罗斯族的权利。这是为欧洲安全与合作组织（Organization for Security and Co-operation in Europe, OSCE）少数群体权利特派专员辛勤工作的加拿大律师们的功劳。[6] 另一名加拿大人、现在担任加拿大最高法院法官的路易丝·阿伯（Louise Arbour），曾任海牙前南斯拉夫问题国际刑事法庭、卢旺达问题国际刑事法庭的首席检察官。从阿伯到罗密欧·达莱尔将军[1]，加拿大人一直在遏制种族间战争的斗争中发挥关键作用，这并非偶然。作为多种族、多民族社会的成员，加拿大人警惕、恐惧地看着南斯拉夫和卢旺达发生的一切。[7] 因为我们跟所有人一样知道民族国家实际上多么脆弱，知道它们的冲突距离暴力多么接近，知道追寻正义、避免为时过晚有多么重要。

加拿大对于这些问题的关注，还体现在智识方

---

1 罗密欧·达莱尔（Roméo Dallaire），1946年生，1994年联合国驻卢旺达维和部队司令官，在卢旺达大屠杀中，带领一支不足300人的队伍挽救了两万多难民的生命。

面的重要成就。安大略省金斯顿（Kinston）女王大学（Queen's University）的教授威尔·金里卡[1]可能是全世界关于少数群体权利研究的顶尖权威。[8]我们甚至可以说有一个杰出的加拿大权利哲学学派，其中包括金里卡、查尔斯·泰勒[2]、詹姆斯·塔利[3]、彼得·罗素[4]、斯特凡纳·迪翁[5]以及盖伊·拉福雷[6]等人。[9]这些思想家的理论构建来自加拿大政治的基本经验：对少数民族、原住民群体和个人之间的权利主张进行裁决。

从国境之外来看，我们做这些事情所采取的方式越来越与众不同。美国的权利文化是根深蒂固的个人主义，其顽固程度导致旨在克服特定群体尤其是黑人和女性历史弱势地位的平权运动与这样一种信仰发生

---

1 威尔·金里卡（Will Kymlicka），1962年生，加拿大女王大学教授，著名政治哲学家。
2 查尔斯·泰勒（Charles Taylor），1931年生，加拿大麦吉尔大学教授，著名哲学家。
3 詹姆斯·塔利（James Tully），1946年生，加拿大维多利亚大学教授，著名政治哲学家。
4 彼得·罗素（Peter Russel），1932年生，加拿大多伦多大学教授，著名政治哲学家。
5 斯特凡纳·迪翁（Stéphane Dion），1955年生，加拿大政治家、政治哲学家，曾担任蒙特利尔大学政治学教授，后进入政界。
6 盖伊·拉福雷（Guy Laforest），1955年生，加拿大拉瓦尔大学（Université Laval）教授，著名政治哲学家。

了冲突：照顾某些群体，就是歧视其他群体中的个体。而且，很难想象美国会像20世纪90年代的加拿大一样，在如此规模的领土范围内试验原住民民族的自治。合众国的格言——*E Pluribus Unum*[1]（合众为一）——可以说不鼓励主权权力的下放。与此相对照，在加拿大，平权行动和原住民权利是《权利与自由宪章》被承认的一部分。[10]

另一个伟大的、全球性的权利文化——法国——一直将法兰西国家看作个体围绕自由、平等和博爱的价值观团结起来的一个公民社会，在这样的愿景中，它一直保持中央集权。因此，在法国，群体的权利主张（比如穆斯林要求特殊着装和宗教仪式的权利）与主流文化之间的紧张程度比在加拿大要高得多。英国是又一个拥有伟大权利传统的国家，其基本取向既有强烈的个人主义，又有强烈的中央集权主义。当然，最近有了一些变化。在威尔士的压力下，英国国会将语言权利纳入法律保护和国家帮助的范围，而苏格兰人坚持他们在法律和文化上的差异性，导致了一场宪法分权的试验，使英国某种程度上转向加拿大的

---

1 拉丁语，美国国徽采用的格言。

联邦模式。

英国、美国和法国的权利传统拥有巨大声望,但在西欧和北美之外,它们的适用性有限,因为个人主义权利体制无法解决既是多种族又是多民族的社会面临的困局(例如,创始成员中的少数群体要求承认他们的语言、教育和自治的权利,作为继续留在国家之内的条件)。加拿大的权利话语特别适合应对这些困局。由于这个原因,加拿大人遍布从波罗的海到斯里兰卡的各个国家,宣扬群体权利制度和联邦分权的优点,以期作为解决民族国家内部的种族和宗教少数群体冲突的可能手段。

我们的法律文化根植于法国、英国和美国这三个伟大的法律传统,然而我们又没有背负帝国主义的历史包袱,也没有构成帝国主义的现实威胁。我们没有什么敌人,却有很多朋友,而我们一样面临着世界都需要得到答案的问题。所以毫不奇怪,我们的最高法院首席大法官贝弗利·麦克拉克林(Beverly McLachlin)最近访问中国,在参观一所法学院时,发现中国的法官在讨论加拿大最高法院的判例。[11]当我访问南非宪法法院时,我发现那里的法官经常引用加拿大的《权利与自由宪章》。

在南非人看来，加拿大权利文化的独创性也许显而易见，但加拿大人显然没有意识到这一点。这或许反映出我们关于自身独特性的认识存在多么令人痛心的不足。当我们试图找出是什么令加拿大与众不同时，我们归纳出那些常见的说法：冬季、广袤大地、骑警……所有这一切，但总是遗漏我们的政治。然而，熟悉我们权利文化的外人比我们更容易认识到，作为一个民族，这是我们独特性的核心所在。我们是不列颠北美人，一群逃避南方共和试验的殖民地人民。我们的社会是三个民族——英裔、法裔和原住民第一民族——就定居问题讨价还价的原初经验所造就的。这赋予我们一种特别的权利文化，正是这种权利文化使我们区别于他人。不管魁北克人和说英语的加拿大人之间的争端多么激烈，仍然是在极为相似的政治文化之内进行的。因此，讨论权利是一种辨识所有加拿大人有什么共同之处的办法。

权利革命使得我们作为一个民族非常独特，它已经改变了我们的政治。问题在于，它带来的改变，是更好了，还是更坏了？我已经说过，权利革命使我们的民主更具有广泛性，将从前被边缘化或排除在外的群体和个人纳入进来。像我这样一直在享受权利的男性白人甚至根本不需要放弃什么，只是在政治谈判桌上得为新来者找一个位置而已。但我们也认识到——有时甚至付出惨痛代价才认识到——一个极为重要的教训：从政治和伦理上来说，人类的差异与道德无关。[12] 一个人是男人还是女人、黑人还是白人、异性恋还是同性恋，就他自己的身份而言也许极为重要，但这些差异与我们把他作为人对待的方式严格无关。我们的理想应当是，我们对待人的方式不取决于他们是谁，只取决于他们的言行。历史地看，这是一种全新的观念。上千年来，我们按照男人还是女人、黑人还是白人、健全人还是残疾人、年轻人还是老人，给予他人道德对待。只是到了很晚近的历史，我们才开始按照一种忽略这些差异的平等理想生活，将人们当作同为人类的个体成员。

为了说明这一观念，我跟你们说说我母亲对乌托邦的看法。她过去总是说，乌托邦不是一个你爱世间所有人之地，而是这样一个地方：你恨某个人，是因为有充足的理由（比如说，因为他干了坏事）而恨他。所以，她的乌托邦是一个爱与恨都极为个人化的地方。

依我看来，我的母亲为某种道德个人主义做出了最好的例证，这种道德个人主义坚持认为人类行为的重大差异是个体的，不是群体的或集体的。当我们衡量某个人的时候，重要的是个性，而非肤色；是行为，而非身份。

问题不在于我们是否相信这种观念——因为我们确实相信——而是我们究竟应当如何才能实现它。我们应当不要那么自我陶醉，而要更密切地关注权利革命的承诺和它真正取得成果之间的差距。只要去问问原住民民族。他们终于使自己的条约权利得到了承认，但这是否使原住民土地上的生活比五十年前有了改善？我们国家的原住民复兴有没有降低北安大略保留地青少年的自杀率？几乎没有。没人认为拥有这些权利使情况变得更糟。但也没人有信心说，情况得到了明显改善。

甚至，权利的话语也许已经代替了改革。智识和道德上的关注更多地集中在条约权利和原住民自治问题上，而不是关注保留地常常令人震惊的社会状况。关于原住民权利的学说变得越来越精细，精通这一学说的教授、政策制定者、原住民政治家——这些精英们依靠权利话语过上了好生活。但戴维斯因莱特(Davis Inlet)[1]和伯恩特彻奇(Burnt Church)[2]的情况可有什么改善吗？对于在这些社区生活的人们而言，权利话语依然只是话语。观察这一进程的愤世者也许会怀疑，精英对话不是为了改变，而是为了维持情况正在改善的假象。

我们甚至不清楚每个人是否得到了更多权利。一些人失去了他们的权利。比如，去问问有组织的工人。他们会说，相比五十年前，他们拥有的权利更少了，权力也更少了。只允许雇佣特定工会内部成员的制度遭到了挑战而且成功了，理由是它侵犯个体按自己意愿选择加入群体的权利。即使我们承认劳动力市场上的个体权利和集体权利总是需要平衡，但显然，钟摆晃得太远了。太多的工人没有就业保障，没有养老金，没有休假权，他们工作的时间太长。这是我们富足背后的阴暗面。事实上，不是每个人都从权利革命中获

---

[1] 戴维斯因莱特（Davis Inlet），位于纽芬兰与拉布拉多省北部，加拿大政府1969年在这里设立聚居区，将原住民因努族（Innu）纳斯卡皮（Naskapi）部落迁居于此。
[2] 伯恩特彻奇（Burnt Church），位于新不伦瑞克省东部，第一民族米克马克人（Mi'kmaq）聚居区。

益,或者平等地从中获益。

问题不仅在于言辞和实际表现之间的差距,言辞本身也有问题。权利话语已经成了当代政治的主要话语。这是好事吗?当加拿大人之间的争端——那些政治的玩意——变成权利的冲突,会是什么情况?在过去,政治与利益有关(请原谅我过于一般化的概括)。利益总是可以交易,但权利不是。我们在权利中倾注了太多。我们将我们的权利看作最后的法宝。"把我的权利还给我"不是发出妥协的邀请,而是要求无条件的投降。

当一项主张被转变成一种权利,并不意味着一定更容易解决问题,事实上有可能让事情变得更难。有些人说自从权利话语接管政治以来,政治变得尖锐了很多很多。它也使我们的个人生活更为尖锐。"个人的即政治的",这曾是女权主义的著名口号。但当个人行为被政治化,当权利进入卧室,道德绝对主义常常便会接管一切。在本书的其他章节,我将更进一步探讨权利革命进入我们的私人生活之后发生的事情。

我也将探讨一个相关的问题:权利话语是将我们团结在一起,还是驱使我们分开?皮埃尔·特鲁多相信,《权利与自由宪章》会将我们团结起来。但结果并没有往这个方向发展。最高法院关于《宪章》上诉案件的许多判决存在争议。有些人认为《宪章》的言论自由权遭到那些否认纳粹大屠杀存在的人滥用;有些人认为程序正当权利被强奸案的男性被告所利用。[13] 从更广泛的意义上来看,权利革命有时候似乎将政治共同体瓦解成许多满怀冤屈的受害者群体,每个群体都以牺牲其他人为代价寻求实现自己的权利:女性对抗男性,原住民对抗非原住民,儿童对抗父母,英裔加拿大人对抗魁北克人,诸如此类。

权利话语可能使我们分裂,因为它承认各个群体,赋予群体权利。群体权利用来保护诸如土地和语言之类的关键事物,本应是必须的。除非保障群体拥有它们的权利,否则它们就得不到保护。

但这样的权利将把我们带到哪里去?问题不只是集体权利会挑动群体对抗群体,它也会挑动个人对抗群体。几乎每个人都认为原住民应当有权利加强他们的自我治理,但如果个人并不想参与的话会怎么样?他们的权利应当优先于群体的权利吗?若是如此,这个群体的未来也许岌岌可危。或者看看正统派犹太教的例子。赋予群体尊奉其宗教的权利当然是件好事，但如果女性不能参加祷告，它还是一件那么好的事吗？如果某个女性反抗这样的顺从而想要离开，这个群体是否有权利强迫她留下？如果她试图改变这个群体的做法，群体能否强迫她离开？我们许多最艰难的选择涉及调和我们的两种信仰：一种信仰认为群体应当有权利保护自己的身份，免受外来压力的干涉，另一种信仰相信群体不应当压迫自己内部的个体。[14] 本书接下来的一个讲座试图调和群体权利与个人自由。

表面来看，调和这些冲突应当不难。群体应当能够保护自己的文化和实践，反抗多数人群的入侵，但它们不应当否定其个体成员的抗议权利和退出权利。听上去很简单，问题是，许多群体——原住民民族、宗教团体等等——并不将自己看作是一群拥有权利的平等个体组成的社群。它们认为群体目标应当优先于选择的自由。他们说，如果社会保护个人的抗议权和退出权，将会最终摧毁群体。[15] 最终，我们还是必须在个人权利和群体权利之间作出选择，而我希望能够在后面的讲座中告诉大家，我们为什么应当让个人权利优先。

这些讲座将要探讨的另一个问题是权利话语是否真正缓解了不平等。当然，通过权利话语解决了一些男女之间、同性恋和异性恋之间、魁北克人和英裔加拿大人之间的公民不平等问题。但富人和穷人之间的不平等呢？权利话语的奇怪特征之一便是，它令某些不平等为人们所见，例如性别的和语言的不平等，但令其他不平等被遮蔽，例如阶层和收入的不平等。我绝不是马克思主义者，但我震惊地发现，在我还是学生的时候左翼人士倾力关注的社会和经济不平等，从加拿大和其他主要资本主义国家的政治议程中轻易消失了。这种消失与权利话语之间存在某种关系。权利话语可以捕捉到公民和政治的不平等，但无法体现更为基本的经济不平等，比如各种以牺牲工人为代价给予有产者和投资者经济回报的方式。经济体系也许没有侵犯任何人的个体权利，但这整个机器在持续不断地制造各种形式的社会不平等。权利话语不仅没能体现这种不平等，反而分散了政治体系对它的关注。[16]所以过去30年来，我们不停地谈论女性、原住民、男同性恋、女同性恋，可是工人呢？他们的工会权利是如何被侵蚀的？我们最贫穷的同胞的经济保障在哪里?为什么我们的政治没有解决这个问题?不可能是因为每个人都分享了这些年来经济繁荣的成果。不可能是因为穷人不存在。一定是因为他们变得不为人所见。这是权利话语主宰我们的政治语言,而造成的错误吗?

这些讲座并不是要全力为权利话语或权利革命背书。我也想指出权利话语作为一种政治语言存在的局限性。这不仅在于权利话语有一种曝光某些不公正而将其他不公正隐入政治黑暗的倾向,还在于权利话语最终可能垄断我们关于良善的言辞。考察这一点的方法之一是对家庭展开思考。这些讲座将用比通常的政治哲学会倾注的更多篇幅来讲述权利对家庭和私密生活的影响。这些影响大部分是积极的。孩子们拥有权利显然是件好事(比如,对体罚加以限制)。[17]非常重要的一点是,女性对婚内财产拥有跟男性同等的权利,还有离婚时的权利平等。在某种意义上,所有这些变化的目标是按平等享有权利的主体组成的共同体形象来重塑家庭。但用这些术语来思考家庭问题,听上去似乎太过冷漠无情。权利话语没能开始展现令现实家庭有效运转的爱与信任之网。

试图通过权利的话语体现这些价值只会造成混乱。讨论孩子享有爱的权利没有任何意义。获得公平对待的权利？理所应当；受到保护免遭虐待？当然必须。但爱根本不是法律问题。它不是一项可以强制执行的职责，甚至算不上一种义务。

我们应当警惕的是，权利话语可能吞噬我们在私人生活和公共生活中关乎良善的全部言辞。并且我们应当意识到，保护家庭内部的个体权利不足以保持我们的家庭生活健康。个人在家庭生活中从未拥有过如此多的权利，但离婚率也从未如此之高。

有些批评更进一步，真的把长期以来我们家庭生活中存在的危机归罪于权利革命。这种观点认为，如果不是那么随意地谈论权利，如果更多地讨论责任，我们破碎的家庭不会有那么多。有的时候，这种愤怒瞄准的是女权主义，有时候它把目标扩大，攻击权利这个理念本身。许多人确实感受到了今天家庭生活中的痛苦，并且愤怒地试图表达这一痛苦，但这是将问题本末倒置。没有人会严肃地认为，拿走女性和孩子的权利就会改善我们的家庭生活。我们的挑战在于基于平等主体的共同体创建一种长效机制。赋予所有人权利显然不够，但并非没有帮助。如果男人知道不能为所欲为地打女人和孩子，那么他们就得开始对话。换句话说，权利可以帮助我们转向审慎思考，转向协商而非争斗。权利也可以因应劳动分工的不平等。女性离开婚姻，是因为这个机制突然变得不平等、不公正、没有爱。为女性提供更多权利，国家为照顾儿童提供更多支持，还有其他帮助，可能——我是说可能——会让分工的不公平少一点。至于孩子，权利的法律之所以存在，不是为了把家庭变成每个人都拥有否决权的公社或"波兰国会"[1]。它们的存在是为了制止殴打、恐怖、威吓和暴力。

由此引出一个更为普遍化的观点：权利根本不是关于良善的话语，它们只是与权利相关的话语。[18]我们不应当期许权利的法律定义什么是好的生活，什么是爱、忠诚和荣誉。权利立法完全只关乎定义任何一种生活的最低条件。所以，在家庭的例子中，它们定义的是负面清单：虐待和暴力。权利无法定义正面清

---

1 "波兰国会"（Polish Parliament）是一个欧洲俗语，意指混乱、无秩序。这个说法起源于17、18世纪波兰立陶宛邦联的国会成员拥有自由否决权（*Liberum veto*），所有议案必须一致通过，这导致了议会的混乱。

单：爱、宽容、幽默、仁慈、韧性。对那些东西我们需要其他话语，所以我们必须确保权利话语不会将我们表达最深层、最恒久需求的所有其他方式最终排挤出去。

随之而来的是另一个更普遍化的论点：权利体系的存在，不是用来界定应该如何引导生活，而是为了界定任何一种生活的条件，界定享有任何形式的能动性（agency）所必需的基本自由。能动性是权利的核心概念。"能动性"一词就是指个体为自己设定目标、并且在他们认为合适的时候实现目标的能力。权利话语的基本直觉在于，如果个体拥有能动性，如果他们拥有在这世界上以某种程度的自由来行动的能力，他们就能保护自己和他们所爱的人们免遭虐待，他们就能界定自己想要过的生活方式。

说权利关乎保护能动性，等同于说权利关乎保护个体。[19] 个人主义现在名声不佳。但既然生活常常是在恶与恶之间选择而非在善与善之间选择，我宁愿要个人主义的恶，也不要集体主义的恶。从历史上来看，强制性共同体带来的危害更大。在 20 世纪，我们已经见证了那些强制创造共同体的重大试验，也就是希特勒这样的种族清洗者们所做的试验,这些试验试图以共同体主义的狂热取代狭隘的资本主义自私自利,结果如何一目了然。

我的观点并不是说共同体总是以暴政告终。在民主社会,社区和共同体社群常常能成功地调和集体归属和个体自治。但那是它们是否成功的检验标准。共同体的价值在于它们能清晰地表达个体目标和追求,在于它们让个体实现单靠自身无法完成的目标。群体权利——语言、文化、宗教表达和土地——的价值在于它们促进个体的自由。这说明,当群体权利与个体权利冲突的时候,个体权利应当优先。权利话语的基本直觉是,我们每一个人都是我们自己的目的,而非通向目的的手段。这是因为我们每一个人都希望制订自己的目标,并且在力所能及的范围内实现目标。这些目标对我们有价值,因为它们既可以表达,又有工具价值。当我们实现目标的时候,我们表达了自己的身份,也获得了利益。这是为什么能动性对我们如此重要的原因。我不认为这种个人主义只是西方的或有时代局限的。它就是我们作为一个物种而存在的事实:我们各自制订目标,其他生物不会采取这样的方式。

因此，当你接纳权利话语的时候，你已经承认了某种个人主义。它有其局限性。我已经提到过，权利话语很难关注与市场社会的竞争性个人主义相伴的社会和经济的不平等。要针对不平等采取重大措施，意味着侵犯财产权利。我们对于采取这样的步骤踌躇不决，不仅因为大资本家拥有政治权力，还因为我们绝大多数人本身也是财产持有者，我们在政治市场上运用自己的力量，抵制进行财富再分配、打击不平等所需要课征的税收。简而言之，问题既不在于个人主义，也不在于个人权利。也不是资本主义的问题。有效抑制不平等的主要障碍，是民主。

如果不能将不平等归罪于权利，那么也不能让权利为国家的不团结承担罪责。现代社会充满冲突：阶级对阶级，利益对利益，男人对女人，工人对老板。在这个问题上，马克思极为正确。权利的存在是为了帮助对这些冲突作出裁断，这样的裁断永远不会结束。期待一劳永逸的解决不过是一种倒退的幻觉，对国家团结、共识和宁静生活的憧憬也是如此。权利使得冲突走向公开。但它也有办法帮助我们解决冲突。首先，权利话语让对立的双方明白，另一方也拥有权利。通过这种办法，人们对冲突中利害关系的理解会逐渐改变。冲突不再被看作对和错之间的一场战斗，而是开始被视作互相竞争的权利之间的战斗。一开始，这也许只是让人们更加自以为是。但不久之后，当一方意识到另一方也有自己的权利主张，妥协就成为可能。权利话语澄清争端，创造共同接受的语言，最终从中找到一致意见。

权利意识也创造基础，让我们理解自己是何种共同体，从而帮助我们面对艰难险阻，仍然继续坚持（也就是将我们作为一个民族、作为一个国家团结在一起）。因为权利话语的关键理念是，我们所有人都是平等协商者，我们每一个人都有权利就我们国家的公共事务发出声音，没有人的主张可以因为他们的身份而遭到消声和否定。承诺留在同一个房间讨论，直到我们解决争端，并且不是通过暴力解决，此种平等协商的理想是现代生活尽其所能提供的团结所在，尽其所能创造的共同体所在。[20]这里的关键是，通过创造这种协商平等的理念，权利话语拓展了我们这样国家的民主对话。我出生的时候，加拿大国家层面的对话牢牢掌握在一批政治和经济精英手中。20世纪60年代以来,权利革命将此前闻所未闻的全新群体送上对话桌,相比从前,关于我们应当成为何种社会的争论变得更为喧嚣,更难控制,也更民主化。为此,我们应当感谢权利革命。

第二讲 人的权利和人的差异

在上一讲中，我描述了过去的三十年间，权利文化如何改变了我们的国家——也即新的群体如何奋力抗争从而确立自己的权利，以及为什么我们的政治文化（通过它对群体的语言权利和土地权利的强调）使得我们成为一个与众不同的民族，其独特性远超我们的想象。

但我们走得太快了。我们一头钻进这个主题之中，遗漏了一些重要问题。为什么我们起初就拥有权利？拥有一项权利到底意味着什么？

如果我们在自己的国家问这个问题，答案似乎一目了然。公民拥有权利，是因为有我们的先祖为权利而斗争。权利不是那些统治我们的人赐予的特权——我们要么从过去的斗争中继承权利，要么用我们的双手赢得权利。当人们建立政府的时候，并不是像让-雅克·卢梭所说的从自然状态中建立，而是在历史的时代中创建，是凭借已经存在的权利去创造新的统治秩序。美洲殖民地人民1776年宣布独立的时候就是这样。他们的《独立宣言》不是无中生有地创造权利，而是指出，作为大英帝国殖民地的子民，他们既有的权利受到了损害，并且宣告从此以后他们将用自己的宪法来捍卫那些权利。凭借皇家殖民地的英国国民身份，1867年创建加拿大的英属北美人民在我们联邦化之前就拥有权利。原住民民族也是如此。他们曾经是自治的民族，他们的自治权利得到了英国《1763年公告》的确认。如我们所知，这些权利原来没有得到承认，而加拿大和美国花了120多年的时间来纠正这种不公正。

宪法并没有创造我们的权利；它们承认我们已经拥有的权利，将其写入法典，并提供保护这些权利的手段。我们在两种意义上已经拥有了我们的权利：因为我们的祖先取得了权利，或者因为我们作为人类而拥有与生俱来的权利。这类与生俱来的权利包括免受折磨、虐待、殴打的权利，免受饥饿的权利。与生俱来的这类权利我们现在称为人权，不管是否在民族国家的法律中得到明确承认，它们都拥有强制力。因此，即使没有违反国家的法律，人权也有可能被侵犯。

权利优先于政府，因为它们或者是历史性地取得，或者是伴随人类与生俱来的，这一理念意味着要为政府权威对我们的所作所为设定限制。立法机关和政府不是赐予我们权利，它们的存在是为了尊重我们业已拥有的权利。这将我们带到"优先"一词的第三层含义：政府和立法机关的存在是为了保护、捍卫权利，并且在我们认为有必要的时候扩展权利。权利不仅定义政府权力的限度，更要定义它基本的目标。

如果我们因自己的权利受到侵犯而抱有不满，那么应该有合适的政府机构进行调查，采取行动。在这个意义上，权利是赋予不满正当性。一旦不满拥有正当性，那么紧接着应当进行补偿和救济。当然，并不是所有的不满都具有正当性。比如说，如果公司高层挣的收入是手下员工的100倍，这时没有谁的权利受到侵害。在我们的社会中，总收入不平等也许是不对的，但并不是非法的。因此，权利对某些错误特别关注，同时却对其他错误缄默不语。有些人认为这说明权利没有用处。另外一些人相信它用权利体制来为资本主义辩护。我不同意。这只是表明某些不满不能通过法庭得到解决，它们必须通过政治加以解决，并且在我们的体制中，一种不满，无论它是多么正当，如果不能说服我们的多数同胞，那么就不会得到补偿或救济。我在上一讲中说过，民主是收入不平等如此难以遏制的原因之一。大多数加拿大人不愿意支持重大的再分配措施。事实上,这类措施被视作对个人权利的侵犯。[1]

由于这个原因,权利对话倾向于关注的,不是私人经济的运作方式,而是国家机关把权力施加于我们的方式。权利与国家权力之间既存在积极关系,也有消极关系。积极的一面在于,权利定义我们享受国家项目的资格,比如失业保险、社会救济、医疗保险和养老金。消极的一面是,权利是我们用来约束莎士比亚所谓"官吏的横暴"[1]的工具。我们的权利应当防止政府拆看我们的邮件,防止它们不经补偿拿走我们的财产或不经我们的同意做出决策。并不是每个人都喜欢权利对政府的限制。[2]社会民主主义者认为财产权利存在负面的作用,因为它们不让政府对收入和资源进行再分配;保守主义者的感觉恰恰相反——权利应当保护我们不受政府美好意图造成的影响。抱怨权利话语无法终结这些关于公正的政治争论,是毫无意义的。权利的存在是为了帮助我们决定什么是正确的,但并不一定是公正的。确定什么是公正的需要平衡各

---

1 "官吏的横暴"(the office of insolence)出自《哈姆莱特》"生存还是毁灭"(to be or not to be)那段经典独白(莎士比亚,《哈姆莱特》第三幕第一场,朱生豪译,吴兴华校,《莎士比亚全集》第九卷,人民文学出版社,1978,第63页)。

种权利主张，这说明权利彼此冲突：我的财产权与你的财产权对立，你的隐私权与公众的知情权对立，诸如此类。

推行某种特定的政治哲学也不是权利的功能。例如，说我们的最高法院最近就权利作出的裁决不够进步，这是不着边际。权利并不是生来就应当为进步事业或保守事业服务。它们之所以存在，是为了保持我们的争论有序进行。权利让对立的主张明确呈现，如果一个社会想要实现公正，必须对这些主张作出决断。就权利的程序性而言——比如法律上的正当程序权利——它们也制定社会必须遵循的规则，以防止权利的冲突走向暴力。

不过，权利远不仅是一套程序。它们不是中立的。它们表达人们的承诺，比如避免暴力、平等待人。因为权利表达价值，所以它们不只是一套维持现状的不变规则。当价值无法得到表达的时候，它会转头反对体系本身。而且任何一个法律体系都不曾百分之百地践行其理想。投票权利和法律正当程序权利表达了对人类平等的承诺，但这个承诺我们做的总是没有说的好。美国南部的黑人拿这些承诺当真，即使他们生活在一个每天都背叛他们的社会。他们游行，对抗严阵以待的警察，在法院的台阶上静坐，不只是为了争取这些权利，也是要求他们作为人类应有的平等得到承认。所以权利从来不只是工具性的。它们的珍贵之处不只是让人们能保护自己或者促进自己的利益。它们的珍贵之处在于，拥有它们，是对其道德价值的重要认同。

权利的存在，也是为了帮助我们解决与同胞的冲突。这些权利赋予我们资格，但它们同时也施加一种限制：不能通过强力或欺诈解决我们的争端。权利要求我们承诺共同协商，同意当我们自己无法找到妥协之途时通过裁决达成一致，同意当我们无法实现自己的意愿时放弃使用暴力。这就告诉我们，每一项权利都蕴含一项义务。我不受攻击、不被胁迫地做自己事情的权利伴随有一项同等的义务，即不攻击、胁迫其他人。权利的相互性特征使得权利社会化。这正是权利之所以可能创造共同体的原因所在。

我不想让自己听上去过于虔诚或是过于天真；我所描述的是我们的社会应当采取的运作方式，不是它实际运作的方式。没有人——尤其是我——认为权利已经将强迫和暴力从我们的社会中驱赶出去。我们离实现理想还有漫漫长路——但理想也不是那么软弱无力。而理想是我们努力在一个基于权利而非强权的共同世界中生活。理想的存在,不是为了哄我们入睡,它对统治者和被统治者都是持续不断的提醒:我们并没有真正按照自己相信的东西生活。

我们可以提出一个更宽广的观点,即权利从来没有将现状稳固地正当化;它们实际上正当化的是不满,以此迫使社会继续推进它局部的、不充分的因而是永无止尽的变革进程。社会永远处于非完美状态,永远追求超出其掌控之外的正义理念,这是所有现代社会的特点。古代的帝国——阿兹特克、莫卧儿、中华帝国——认为自己是已经完成的杰作,是无法被取代、无法再改进的艺术品。现代社会中的人们不能这样想。原因之一是我们的权利话语。它批判我们的现代社会,使其永远自我探究,永远自我质疑。这很大程度上是因为权利,所以借用波兰哲学家莱泽克·科拉科夫斯基[1]的话来说就是:现代性经受无穷拷问。[3]

---

1 莱泽克·科拉科夫斯基(Leszek Kolakowski, 1927—2009),波兰著名哲学家,1968年离开波兰,其后任教于英国牛津大学万灵学院,著有《马克思主义的主要流派》《经受无穷拷问的现代性》《理性的异化:实证主义思想史》等。

认为权利只是让我们变成自私的个人，保护自己对抗所有靠近的人，这样的观点基本没有抓住事物的真相。首先，部分权利如保护集会自由和言论自由显然被用于让个体能够聚集在一起，创造基于信仰、信念和承诺的共同体。要是没有这些权利，我们这个国家就不会有任何社会主义政治或工会政治。其次，拥有权利意味着尊重其他人的权利。尊重并不一定就是同情、友谊或同胞之情。我们的社会可以在不怎么需要那些的情况下运作。尊重实际上意味着倾听你不愿意听到的东西，而且倾听必定包括承认另外一方也许正确的可能性。

单靠权利自身无法创造共同体情感——还需要共同的历史和共同的经历。但生活在一种权利文化中可以强化共同体的一个组成要件：信任。它不是你在美满家庭或幸福婚姻中得到的那种完全的、爱的信任。权利文化在信赖和怀疑之间找到合适的平衡：我们的彼此信任只需足以清楚辨别我们的差异，但不会过度以至于忘记其他人有受到诱惑去践踏我们权利的可能性。

所以权利确实不仅仅将我们的不满正当化。它们表达价值，从而促进形成有条件的尊重和一种有所限制的共同体。这个共同体的本质就是，身处其中的每个人都会对凝聚共同体的组织的脆弱性有幻灭和恐惧的时刻。因为权利社会总是处在争端之中，它所寻求的平衡，是集体目标意识的程度刚好可以解决争端，但不足以迫使个体受到共同体主义的束缚。

到此为止，我一直在谈论公民权利和政治权利，以及它们帮助创造的一种政治共同体，这种政治共同体中存在无休无止的争吵，却依然保持团结。这些权利来源于特定国家共同体中的公民身份。权利与国家提供的救济之间的关系赋予它们一种清晰的意义。现在，我要把关注转向另一个类别：人权。它们是我前面提到的与生俱来的权利，是来自生而为人这一简单事实的权利。它们并不是源自某一个特定国家的公民身份或成员身份。那么我们从哪里得到这些权利？我们如何实现、行使这些权利？就这些问题而言，我们处于一个模糊地带。想象一下，如果问一个人他是谁，结果他只是回答："我是个人。"这不太像个答案。然而，如果他回答："我是加拿大人。"那么你知道是在跟谁说话。人权这一理念的根本问题在于，你搞不清楚这种权利指向哪一种共同体，或者权利到底能提供何种救济。

当然，有些人会立即回答，人权所指向的共同体是全体人类。但那是一个什么样的共同体？更进一步说，它是何种身份？事实上，我们在日常生活中从未遇到过这样的人，只有依据特定种族、阶级、职业、部落、宗教或社群所确定的成员身份。他们呈现给我们看的和我们呈现给他们看的东西，核心是差异：特定的姓名、出生地或籍贯、个人信仰和承诺。是人的差异而不是我们共同拥有的人性为我们作出界定。

我们作为人的身份到底是一种什么样的身份，这个问题长期以来一直困扰着思想家们。在1791年的《人权和公民权宣言》(Declaration of the Rights of Man and Citizen) 中，法国的革命家试图将人权的思想普世化。法国大革命过后若干年，睿智的老反动派约瑟夫·德·迈斯特[1]在其写作中评论说，他的一生中遇到过许多人——法国人、西班牙人和葡萄牙人，男人和女人，富人和穷人——但从来没有真正遇到过"人"，首字母大写的人。[4]

1　约瑟夫·德·迈斯特 (Joseph de Maistre，1753—1821)，法国哲学家，著名保守主义思想家。

第二讲 人的权利和人的差异

在同一个时代写作的英国哲学家杰里米·边沁[1]说了许多同样的话。他把我们所说的人权称为踩在高跷上的胡话,意思是他不明白这些权利到底是谁的权利,以及应该如何行使权利。[5]如果你没办法行使一项权利,拥有它有什么意义呢?

如果所有人在赋予他们基本权利的政治共同体中都安枕无忧,那么边沁和迈斯特的观点不会存在争议。在现实中,尊重权利的社会是稀有甚至濒危的物种。在现实世界里,数十亿人生活在专制体制之下,或者生活在得不到任何保障的崩溃或失败的国家之中。他们需要人权,因为那是他们唯一拥有的权利。这促使我们将人权看作与人们的公民身份无关、与他们偶然降生的国度无关的剩余权利的体系。人权是当男男女女们所拥有的其他权利都失去之后,依然存在的权利。

如果其他一切权利都遭遇失败,他们不再拥有外界的救济,必须依靠自己来保卫自己。人权表达了这样的原则,当被统治者受到的压迫令他们丧失了得到救济的希望,那么他们有权保卫自己。这为人类能够

---

[1] 杰里米·边沁(Jeremy Bentham, 1748—1832),英国著名功利主义哲学家、经济学家。

发动的最激进的行动提供了正当理由：将法律掌握在自己的手里。

将法律掌握在自己手里并不只是拿起武器，甚至不一定意味着拿起武器。它也许意味着向国界之外寻求帮助。人权超越国界，在无法保护自己的人和拥有资源可以帮助他们的人之间创造联系。1945年以来的权利革命扩大了义务的共同体，让我们承担的责任不再止步于国界之内。随着新兴的全球性媒体将国界之外陌生人的痛苦和悲惨景象带给我们，[6] 这种新的责任文化以一种全新的形式为我们呈现古老的道德困境：谁是我的兄弟？谁是我的姐妹？我必须满足谁的需要？除了我自己的权利，我还必须捍卫谁的权利？

这些问题的出现，不仅与远方的陌生人有关，也和那些离我们距离近得多的人有关，比如说我们国际机场扣押室里的人们：移民、难民或寻求庇护者。在我们的体制下，他们拥有某些权利，但面对官员和警察的滥权，他们仍然是脆弱的，因此拥有人权的保护对他们非常重要。他们的主要保护神是联合国1951年关于难民的公约。该公约要求，如果人们能够证明有充分理由担心在一国受到迫害，那么他们有获得另一个国家接受的权利。如果他们能够证明这一点，就不会被遣返回去面对逮捕或虐待。可以肯定的是，基于经济原因的移民会滥用这些权利，但被滥用是权利的本质。滥用并不意味着有理由废除所有人的权利，只能说需要更有效的监督来防止被某些人滥用。

为避难权设定条件，规定当事人必须处于危险之中，这是合理的——正如各个国家限定它们每年接受的移民数量也是合理的一样。[7]过快过多的移民会拖垮一个社会提供公平待遇、帮助移民创造新的开始的能力。过少的移民会将富裕社会变成排外、不平等的俱乐部。移民政策努力在两种承诺之间作出调和，即对身处危险境地中的人们的承诺，和同等地捍卫一个国家共同体的凝聚力与关爱能力的承诺。[8]

人权的存在，是为了保护那些不拥有安全公民身份的人们，或那些失去自己的权利来到我们门口的人们。人权对于那些拥有安全公民身份的人也同样重要。即使拥有强大法律机制和权利传统的民主国家，也有可能侵犯其公民的权利，而且可能确实侵犯过。他们可以通过完全合法的方式这样做，西方国家中很多监狱的状况清楚地表现出来这一点。当一个囚犯被超长时间地单独禁闭,或者遭到看守羞辱对待,这样做确实不代表有什么法律遭到了破坏。但这些行为侵犯了他的人权。这种合法但不公正的待遇的理由,是那些犯罪的人被剥夺得到正当待遇的权利。这完全是个错误——法律的刑罚只规定剥夺特定的权利而不是所有的权利——但这个错误深深地植根于罪有应得的直觉之中,数百年来的权利传统对于纠正公众脑海中的这种错误几乎没什么作用。人权的理念体现了完全相反的立场:不管一个人做过什么,都不应剥夺他得到正当待遇的权利。

西方社会在实践这一禁令上的表现很糟糕。例如,在加拿大和其他许多国家,从20世纪30年代到70年代,数以千计的人被强迫接受绝育,有时甚至在国家机构中为精神障碍人士施行额叶切除手术,这是一种耻辱。当然,据说这都是为那些人好。施行手术的医生们告诉自己,他们的好意绝不应受到责难。在加拿大的阿尔伯塔和其他几个地区,以及美国一些地方和斯堪的纳维亚,被打上"低能"标签并因此被认定无法承担父母责任的年轻女子,不经她们自己同意就遭到绝育,依据是在医学界的狂热支持下通过的优生法。[9]

人权立法的基本功能之一是保护人们免受他人出于医疗善意的侵害。其做法是规定一种尊重人类能动性的义务,无论这能动性以什么样的方式表现,也不管它如何有限,而且如果这些能动性的所有者明确拒绝或以任何其他形式给出相反意愿的信号,那么任何行为,乃至那些出于帮助意愿的行为都应当中止。(因为身为人类就意味着拥有意志,不管这意志受到怎样的约束、怎样的限制或者怎样容易犯错。)可以肯定,坚守这一原则很艰难,但艰难情境下总是可以考验对人的尊重:精神病房或照护室中说不清楚话的失禁病人;不曾尊重其他人现在却要求我们尊重的囚犯;因为被强制管束而表现得将要爆发的失控年轻人——给予这些人知情同意权,让他们享受法治,在不危害他人前提下让他们可以行使个人自主权利,是我们真正相信人权的证明。

然而,单有人权是不够的。在极端情况下,我们还需要其他资源,尤其是幽默、同情和自制。这些美德进而必须吸收一种人类不可分割的深刻意识,一种我中有你、你中有我的认同,是权利信条所表达但单靠其自身,无力灌输到人类心灵之中的东西。

在这个意义上,那个老反动派约瑟夫·德·迈斯特错了。我们遇到了"人"。他就是我们。我们属于同类,我们在遇到的每一单个的人身上发现我们自己——人权从这样的意识中获取力量。因而,认同和尊重一个陌生人,就是认同和尊重我们自己。听上去这可能很矛盾:拥有一种自身价值的强烈意识,是认同他人价值的前提。

另一方面,将其他人认同为人并不是那么容易。有的时候,我们碰到的人可能暴力、粗野、恶毒、疯狂,或者就是在语言、价值和文化上截然不同,以至于真的很难发现我们之间存在什么共同之处。

我们还得承认,关于这种人类认同,关于人类是同一族类的情感,完全不是自然而然的。历史地来看,这种思想是一神论宗教和自然法的功劳,可以说是到相当晚近的时候才加入人类的道德词典。这种认同要想深入我们的心灵,必须对抗一种更为本能的、更显而易见的想法:我们唯一应当关心的人,是像我们一样的人。

在《荒凉山庄》(*Bleak House*)中,查尔斯·狄更斯(Charles Dickens)留给我们一个不朽的讽刺形象,一位英国十九世纪中期仁慈博爱的女士杰利比太太(Mrs. Jellyby),她不知疲倦地为非洲儿童的福祉而奔走,脸上的恍惚神色像个总是忧心远方苦难的人。当然,狄更斯给这个仁慈夫人设置的问题,是她可耻地忽视了自己的孩子。[10]我们都知道有某种人,既高谈阔论人权的承诺,同时对现实中所有挡了他们路的人毫不尊重。显而易见,慈爱(更不用说正派)开始于家庭,我们有充分理由将道德关注主要放在为最亲近的那些人承担的特定义务之上。

然而,我们的承诺彼此相连——不断扩大的圈子始自那些与我们亲近的人,然后向外扩展,去拥抱陌生人的需求。人权承诺处于我们义务的最外一层,但它们可以像我们最内层的承诺一样强烈。坚定地相信我们所热爱的人身上的价值,正是相信那些最遥远的人身上的价值的前提条件。这种信仰若是不能从对特定之人的感情中汲取火力,便不会长久绽放光芒。

说这个是想让我们用一种特别的方式思考人类平等和人类差异之间的关系。通过这种特别的思考方式,人类平等事实上体现在我们的差异之中。作为人类,我们共同所拥有的,正是我们用来区分作为民族的、群体的、个人的不同的我们自己的方式。所以,我们共同拥有的并不是一具赤条条的身躯,而是我们打扮自己、修饰身体、喷洒香水、穿衣戴帽的极其不同的方式，为的是表明我们作为男人或女人、这个部落或那个群体成员的身份。[11]

被迫在冷眼旁观的陌生人面前赤身裸体是一种很糟糕的感觉。拥有尊严的，是穿衣戴帽、列阵结队甚至伪装掩饰的人类，不是被剥得赤条条、只能以手遮羞的人类。在陌生人面前裸露，就是被剥夺了体面，也丧失了能动性。当然，裸露能够唤醒怜悯，这正是人类认同的一种基本形式，但也是最脆弱的一种形式，因为它意味着一方的脆弱和无力。从历史经验中我们明白，当人的生命依赖其他人的怜悯之时，是他们极其无助之时。

当欧洲的犹太人在大屠杀中遭到毁灭的时候，非人化的基本手段之一就是剥夺每个人拥有的一切，他们的衣物，他们的眼镜，甚至他们的头发。一个集中营可以被视作一架邪恶的机器，它的用途就是将拥有自己历史的个体的所有特殊性拿走，将他们在苦难的砧板上捶打，变成纯粹的人类单元。当这些纯粹的人类单元随后恳求掠食者的怜悯时，他们发现这些掠食者不过将他们视为鱼肉。当那些犯下这种罪行的人将每一个人削减到可怕的赤裸平等状态，他们就可以对

第二讲 人的权利和人的差异

猎物为所欲为。在这样一种平等的、极度羞辱的状态下，受害者甚至毫不抵抗地走向死亡。

当然，并不是所有人都不加抵抗地赴死，而最有可能幸存下来的，是那些无论如何艰难始终坚守诸如个性、信念、幽默、坚韧等碎片的人，这些碎片使他们区别于所有其他人那种可怕的平等。不是说这种对差异的顽强执着使得他们孤立于其他人。毋宁说，是坚持他们的个性，使得被苦难碾压的人们能够承认他人、关爱他人，尽最大可能共同抵抗。[12]

那么，人权的作用不是保护赤裸之人的抽象人类身份，也不是用法律术语表达我们对被剥光的人类苦难的本能怜悯。它的作用是保护现实的男男女女，保护他们的历史、语言、文化，保护他们根深蒂固、不可化约的差异。人权的目标不是使那些处于危险中的人成为安全地带中的人们的良知守护者，而是为了保护、捍卫和重建毫无防御能力的人们的能动性，让他们可以保护自己。[13]

人权不只是为了失去其他所有权利的那些人。它们也为那些生活在发达国家、拥有公民权利和政治权利体系的人提供一项重要功能。从罗马时代以来，欧洲的传统发展出一种自然法的观念。自然法观念的目的是提供一种理想化的优势地位,用来批判和修改现有的法律。在两类人之间总是存在着深刻的紧张:一种人接受法律的既有状态——粗糙但已经写好待用,且遵循先例;另一种人想让法律成为某个单一理性思想的理想结论。自然法源自一种渴求:为丛林法则带来秩序,按照普遍的标准纠正不公。自然法提供了一个有利的位置,在那里可以批判既有的法律,并且在法律无法改变时支持反抗的权利。[14]

我们的人权理念继承自这种自然法传统。在当代世界,人权提供了一种最佳的国际实践标准,用来提升和改善我们的公民权利和政治权利。例如,在欧洲,当英国公民遇到冤屈,而英国的法律没有提供救济的时候,他们可以将案子呈交至位于斯特拉斯堡的欧洲人权法院。这家法院经常作出不利于英国法律的判决,在这个时候,英国通常会(尽管并不总是)据此修改自己的法律。[15]

不过,我们不能就此说英国人总是欢迎这一程序。很多人相信这是对国家主权的一种冒犯。"他们"——指斯特拉斯堡的法官们——有什么权利改变国家的法律?

这为我们引入一个很重要的原则问题。许多人觉得，任何像这样由某个国际实体作出的逾越行为是干涉了按照国家文化定义自身法律的权利。在英国，这种逾越是合法的，因为《欧洲人权公约》（European Convention on Human Rights）源自英国人认为与自己相近的法律传统。但在其他一些地区，人权运动可能被当作一种外来的尝试，是将欧洲的标准强加给自身拥有正当性的文化和规范。

是什么赋予欧洲人权利把人权强加给其他文化？什么都没有。如果权利是关乎保护人类的能动性，那么它需要我们尊重其他人类运用能动性的方式。相信其他文化的人们只要了解我们所了解的就会采用人权标准，从而我们就可以干预而不管他们想不想让我们干预，此种观点毫无疑问是错误的。认为有些人无法明辨自己的真正利益所在，这种观念是独尊和暴政永恒不变的借口。只有在自己说自己是受害者的时候，受害者才是受害者。以下推论同样正确：只有在其他民族和文化请求帮助的时候，我们才有权代表他们进行干预。

权利话语要求尊重，尊重要求取得同意。如果在巴基斯坦，女性同意留在伊斯兰法律之内，那是她们的事情——乃至在加拿大同样如此。另一方面，如果她们寻求获得教育的机会，或者想嫁给某个自己选择的人，她们请求我们的帮助，对抗宗教或世俗权威，那么我们可以介入，尽可能给她们提供帮助。但帮助只是帮助，它并不意味着改宗或同化。我们不能把我们的生活方式强加给他们。权利话语和西方文化完全可以分开。其他文化想要得到权利的保护而不需选择西方的打扮、饮食或科技。就西方人帮助其他文化的卷入程度而言，他们有义务尊重他们所介入其中的文化的自主性，这是内在于权利话语之中的。

调和人权标准和本土价值的问题不仅发生在非西方社会之中，也会出现在离我们很近的地方。在西方社会，法律被认为是人民主权的表达。因此，跟非西方社会一样，我们的社会中一个现实问题由此出现：由一群不是人们选举的国际律师起草的人权法典是否应当优先于由人民的代表通过的国家法律？

存在这个问题的一个地方是美国。美国国会一直拒绝批准从《防止及惩治灭绝种族罪公约》(Genocide Convention)，到《日内瓦公约》(Geneva Convention) 的附加协议和《儿童权利公约》(Convention on the

Rights of Child）在内的国际人权文件。[16] 美国国会要么认为这些文件与美国法律不一致，要么觉得是对美国国会和人民主权的一种侵犯。在这种态度的背后隐藏的东西，我们可以称为权利的自恋，觉得"自由的土地和勇者的家园"[1]不需要从其他任何人那里学习任何东西。[17] 所以美国与人权有一种矛盾关系：它自己的宪法是一个珍贵的人权传统的具体呈现，而且像埃莉诺·罗斯福[2]这样的美国领导人帮助起草了国际人权的有关文本，[18] 但美国国会和大部分美国人相信，没人可以在他们的国家之外批评美国监狱的条件，或者批评某些州尤其是得克萨斯州执行死刑可能存在的乖悖、不公正、不公平的方式。

因此，人权与表达国家文化的人民主权存在冲突。[19] 但这是一种必要的冲突。民主并不总是正确。当多数人的决策不公正的时候，存在不同意见的少数人必须有能力诉诸更高的法律。人权立法提供的就是这样一种申诉的语言。在美国，那些反对死刑的人既

---

1 语出美国国歌。
2 埃莉诺·罗斯福（Eleanor Roosevelt，1884—1962），美国总统富兰克林·D. 罗斯福的夫人，第二次世界大战后出任美国首任驻联合国大使，主导起草《世界人权宣言》。

借助美国宪法的名义,也借助国际人权的名义。要消除人权原则和民主之间的紧张是不可能的。事实上,这种紧张对于维护自由至关重要。

在加拿大,政府并不总是尊重我们的公民权利和政治权利。有时他们甚至暂时禁止这些权利,比如1970年10月的《战时措施法案》(War Measures Act)。联邦政府当时相信魁北克发生了公民暴动,因此动用军队逮捕了500多名被怀疑同情恐怖分子的人,未经审判就把他们关起来。当紧急情况结束之后,基本权利得以恢复。但如果没有恢复呢?如果政府将它们永远拿走呢?这样的事情曾经发生过。20世纪20年代的德国是一个民主国家,拥有宪法和法治。但大萧条和接踵而至的经济混乱驱使数以百万的德国选民投入希特勒的怀抱。我们无须一再重复,希特勒在1933年上台的时候受到大众的热烈支持。他随后推行的那些改革也是如此:废止某些公民结婚、获得财产和投票的权利。"纽伦堡法案"[1]剥夺不幸生而为犹太人的公民的权利,由那些在欧洲最好的法律传统中成长起来的律师和法官执行。纳粹德国

---

[1] 纽伦堡法案是1935年9月纳粹德国颁布的两部法律,《德国血统和德国荣誉保护法》和《德意志第三帝国公民法》的合称。

恐怖的一面在于，粗野、非道德的不公正是如何披上合法的外衣，以及这些不公正是如何赢得大众支持的。要是希特勒在1937年死去，他也许会被当作歌德之后最受人尊重的德国人进入坟墓。这个故事的教训在于，即使是一个市民通过法律自治的帝国城市（Reichsstadt），即使是一个讲法律的社会，也会举手支持那些将公民变成贱民的措施。从否定公民权利到强迫公开戴上黄色星标只有一步之遥。从黄色星标到流放东方也只相距另外一步而已。而随着被流放到东方，就大多数德国人的关注程度而言，这个问题就此消失了。

这个可怕的故事告诉我们，必须有某种更高的法，有一套任何政府、任何人类权威不可以拿走的权利。这种更高的法的目的是把个人的良知从沉睡中唤醒。这样的话，当一个普通公民看到邻居被带走的时候也许会有勇气思考：这种行为可能没有违法，但它是不对的。那么他或她也许会高声叫道："必须制止这种行为。就是现在。"

这样的道德勇气一直是个未解之谜，但我们知道，它源自榜样，源自我们的父母教导过我们的正确的东西，也源自我们的文化告诉我们应当相信的东西。德国人民的这种文化资源数不胜数：从席勒歌颂全人类深刻同一性的《欢乐颂》(*Ode to Joy*)，到贝多芬永不磨灭的自由颂歌《费德里奥》(*Fidelio*)。然而我们知道，这些伟大的作品并没有激励普通的德国人正视就在他们眼皮底下发生的事情。

面临欧洲已有文化资源不足的状况，盟国（the Allies）决心创造一种新的话语，加强普通人拒绝不公正命令、在人类同胞被带走时挺身而出的能力。核心理念是不可分割性——即没有人的权利可以与其他所有人的权利分割开来。如果他们在半夜来侵犯犹太人的权利，他们就是在侵犯所有人的权利。我想，这是更为深层的背景，我们应当在此背景下理解人权在第二次世界大战后的出现。1948年12月联合国发布的《世界人权宣言》，是这株不断伸展的法律之树的第一根枝桠，其基本功能是给予普通人辨识邪恶的能力，给予政府谴责和反对邪恶的能力。就此而言，人权法律是我们所设计的一种工具，用来增强公民的勇气，强化个体之间相互支持的能力。

《世界人权宣言》改变了国家主权和个体权利之间的平衡。有了《宣言》，当某些国家犯下卑劣行径的时候，个人权利将被认为高于国家权利。自从1648年《威斯特伐利亚和约》建立欧洲的国家秩序以来，这也许是最具革命性的变革。时间一年年过去，我们越来越接近一种新的治理秩序，在这种秩序之下，国家的主权权利以对公民基本人权的充分保护为前提条件。在一贯践踏人权的国家，在所有和平的救济手段都已被耗尽的地方，联合国可以授权进行干涉——从制裁直至全面的军事行动。在20世纪30年代的世界中，德意志帝国破坏人权的行为被完全看作国内事务，而到了90年代的世界中，塞尔维亚一个省的侵犯人权行为最终引发具有正当性的军事干预，在这之间我们经历了漫长的路程。

然而，很多人越来越质疑人权似乎会引发的结果。保护我们国界之外的陌生人，这种新出现的责任是含混的、模糊不清的，也有可能是危险的。它可能成为帝国主义的借口，而帝国主义与我们所拥有的一项基本权利——不受外来干涉地自我治理的权利相冲突。

20世纪90年代的干预，如对索马里、波斯尼亚、科索沃的，全都是以人权的名义获得正当性的，都涉及一种潜在的、与不受干预过自己生活的民族权利相悖的冲突。我们要怎样解决这一冲突？我们关心他人人权的责任受到权利话语自身的限制。我们没有理由干涉其他人的生活，除非他们明确向我们请求帮助。适用于海外的这一基本准则也适用于国内。你可能会碰到正在争吵的邻居。你可以透过隔墙听到他们的吵闹。你没有任何权利去干预。那是他们的事情。但如果你听到一记重击，一声尖叫，一声求救，要是你没有进门去制止争端，那么你不配做一个公民，甚至可能不配做一个人。

那些以必须始终尊重一个国家的主权为理由，批评凭借人权的名义加以干预的人需要记住：那个国家的受害者通常会请求我们进行干预。那是干预拥有正当理由必须满足的第一个条件：受害者必须请求我们的帮助。其他条件包括：对人权的侵犯必须是恶劣的、系统性的；它们必须波及了其他国家，导致难民潮和邻近国家的不稳定，以及，干预必须真正有可能制止恶行。干预没有任何正当理由去执行惩罚，它唯一的目的是保护。还有一个条件：干预必须是最后的手段。只有当所有和平的解决方法都被耗尽之后，武力才是正当的。那些实施干预的人也必须得到国际社会最好是联合国安理会的同意。我们不想看到这样一个世界：人权原则最后成了某个国家进行单方面军事干预的借口。所以这些干预的国家必须说服其他国家，他们的行为是正义的，而要做这样的说服工作，安理会是最合适的地方。但有的时候情势紧迫，安理会的某一个或几个大国却阻止干预，卢旺达大屠杀就是这样一个例子。在这种情况下，结盟的国家也许得互相说服，采取行动，如果干预遇到我所指出的挑战，他们应当这样做。最后，人权原则绝不能成为永久性军事占领他国的理由。如果我们干预了，一旦工作完成，一旦受害者回到他们的家园，杀戮得到制止，我们必须抽身退出。[20]

近期的干预是否真的符合这些标准？我把这个问题留给你做出判断。[21] 相反，我想提出更具一般意义的观点：人权的理念是一种自我设限的权威。不错，它授权在例外情况下使用武力。但那些引用人权证明武力正当的人承诺以最大程度的克制使用武力，承诺取得受害人的同意和其他国家的同意，承诺在任务完成后离开。

讲完所有这些后，我绝不能假装说武力正当性不存在任何争议。有些人视作人道主义救援的任务，肯定会有其他人视作帝国主义的、对一个民族主权的侵犯。那些把人权原则当作人类共识谈论的人,不明白对于所有权利主张,包括那些对我们来说似乎完全不证自明的权利,一定会有其他人存在不同看法。对人权的信念不是宗教这样的信仰,它所赋予的权威不是信仰的权威,只不过是观点的权威。人权不是终结争论的王牌法宝。现实的道德生活事务中不存在王牌法宝。有的只是各种理由,某些理由比其他理由更有说服力。如果是这样,那么人权干预——大到动用军队,小到个人生活中的调停——的正当性只能是有限的、有条件的。这是塞翁失马,焉知非福。这意味着人权干预永远不会要求正当化无限制的残忍所需要的那种共识。

换句话说,认为人权是一种纯粹而抽象的道德将是一种错误。权利被用来证明当权者和反抗者的行为有其正当理由,而跟所有的此类话语一样,权利话语极易被滥用。恶和善都援引权利话语为自己辩护。但恰当的理解是,它为自我设定限制。说你拥有做 X 行为的权利,就意味着 Y 有拒绝的权利。更进一步,说你拥有某种权利,就是在进行某种辩护,而所有辩护都暗含着遭到反驳的可能性。

总结一下。在这些讲座中,我加以反驳的第一个论调,是将权利话语看作武力的辩护状。我坚定支持权利话语恰恰是出于相反的原因:因为它为武力的使用设定限制。

我反驳的第二个论调,是认为权利话语的主张使社会变得碎片化。关于这一点,我将在后面的讲座中作更多阐述,因为这种指责会一直存在,不过现在我想强调,权利创造相互性,而这些相互性正是社会的基石所在。而且,权利不仅表达个体的主张,也表达集体的价值:最重要的是权利不可分割的理念。如果他们冲着你来了,也会冲着我来。这意味着我们必须团结。

我在这些讲座中批判的第三个论调,是认为权利对差异不友好。马克思在1843年声称,权利的话语将我们全都削减为抽象的平等个体,只依靠我们在生物学上的同一性团结在一起。我要提出的主张恰恰相反。如果权利力图保护的最高价值是人的能动性,那么人的能动性的主要表现就是差异,是各种伪装、认同、身份和主张的不断阐发,既有个体的,也有集体的。相信权利,就是相信捍卫差异。

最后的也是最为基本的观点,权利不是抽象的。它们就是我们的社会的核心,我们价值的核心。我们拥有权利,是因为我们的先人为它们而斗争,而且在某些情况下为它们而牺牲。我们对权利的承诺就是对先人的承诺。我们对权利负有责任,要保持异议的权利、归属的权利以及保持差异的权利都富有活力。在下一讲中,我将更详细地解释,一个像我们这样的单一社会如何努力调和这些价值。因为它们造就了今天的我们。

第三讲 台球桌还是百衲被：个体权利和群体权利

权利的思想意味着你我的权利都是平等的。如果权利不是平等的,那么它们就不是权利,只是与其他人相隔的个别群体所拥有的一组特权。任何以权利为基础的政治共同体的基本目标,是代表每一个人来保护平等。那么,将一个国家凝聚在一起的,是我们每一个人作出的承诺:对所有人一视同仁。

现在,平等的问题在于,没有人真的想跟其他人一样被一视同仁地对待。我们把一视同仁当作底线,但我们还想得到更多。我们每一个人都既想被平等对待,又想让人认为自己与众不同。我们想要其他人既承认我们是单独的个体,又承认我们是某群体的一员,承认我们作为某种特殊人物的地位。在私人生活中,我们一般会得到这种认可。但我们还想要自己的独特性得到公共认可。作为公民,我们想要公共官员关注我们身为个体的特定需求。既要求承认我们的个体身份,同时又要求得到平等对待,要调和这两者不是那么轻易的事情,因为医生、福利官员、警察需要付出成本。这些人应该保持公平,不能偏袒,给每个人他们应得的,不给任何人提供任何好处。一名官员若经常提供好处,是腐败行为。腐败侵犯了下列原则:在这个社会中每个人都拥有权利,但不应当拥有特权。再强调一次,我所谈论的是应然的情况,不是实际的情况。每一个人,实际上每一个人都试图从我们的体系中获得特权。不论公平和诚实的程度如何,这个体系都能够发挥作用,这一事实证明了平等作为一种理想的力量。

平等的理想以及与之伴随的公正理念给了我们一个关于国家归属的特别视野。归属体现在知道每一个人多多少少享有同样的权利、承担同样的责任。当我们把这个平等的理想映射到自己实际居住的国家,得到的图景是将国家看作一个由平等的、单独的个体组成的单一的、同质的、统一的政治空间。每一个区域拥有同等的权力,每一个群体也是如此。

毫不意外,这一理想看上去像物理学教室中的模型。在17世纪晚期的英国,当托马斯·霍布斯和约翰·洛克这样的政治哲学家构想自然状态下的平等个体基于原初契约创建共同体国家之时,伊萨克·牛顿正在以类似的方式构建物理世界:原子和分子,纯粹的质量单元,在一个被称为空间的无差别介质中按照统一的引力法则碰撞。从那个时候开始,政治学不断地试图将政治模型化,仿佛它是一门牛顿式的科学。

如果我们将这个牛顿式的模型从物理学教室转移到社区的台球房，得到的类比会是这样：台球桌就是一个国家，组成这个国家的个体是台球，法律是球桌的库边[1]，而共同领土则是绿色的台呢。现在，这个模型表明，如果游戏中的个体是不平等的，不能以同等的顺滑在政治空间中滚动，那么我们应当让它们变得顺滑。要让游戏公平运行，每一个体必须跟其他所有人一样圆而滑。

所以当然，这就是麻烦的开始，这就是拿台球给政治打比方的失败之处。没有人想让自己的棱角被磨圆，即使这意味着他们可以把游戏玩得更好。他们想按照自己的方式玩游戏。

要是这样，那么每个国家必须面对的政治问题似乎在于：我们如何能创造一个社会，在其中每个人拥有权利，同时无须抹平赋予我们个人和民族身份的差异？我们如何承认群体的差异而不会危及我们国家的团结？

调和这些目标很难，因为创造平等和承认差异各

---

[1] 库边，英文"cushion"的音译，即台球台面桌边部分，分为顶库（靠近置球点一侧的短库）、底库（靠近开球线一侧的短库）和两侧库边。

自意味着完全不同类型的政治空间。平等的目标完全符合将政治空间视作均质绿台呢的牛顿式想象。差异的目标暗含的愿景是一个看上去更像一床百衲被的政治空间。

我们面临的困境在于，我们不能真的选择其中一种而完全排斥另一种。国家身上具有两种特性。所有公民应当拥有同等权利，这些权利应当适用于全体，这是民族国家的基本理念。有可能存在不同层次的政府，但宪法设计了权力的分立，以便尽可能地减少重叠和冲突。那是牛顿式的模型。然而，任何一个政府都不仅仅是一个牛顿式的空间。国家也是由历史所创造、层叠时间的沉积物，表面发挥作用的政治体系之下仍然存留着旧有的政治体系。在加拿大，就在我们1867年的联邦法案所创建的政治架构之下，还有联邦化之前的四个殖民地政府的遗存。每一个殖民地同意加入联邦的前提都是尊重它们自身的差异。差异数量最庞大的当然是说法语的殖民地，其法律、宗教和语言受到上溯至1774年的大英帝国法案的保护。只是在自己的独特权利与对公民的平等保护一道被写入宪法的情况下，魁北克人才愿意加入联邦。这种认同是被给予的，因此从一开始，加拿大即兼有百衲被和绿台呢的特征。[1] 第二个拥有自身原始权利的民族是原住民。1763年的帝国公告承认他们的条约权，进而承认他们作为单独民族的身份。所以将这些民族塞入一个政治联邦，本应意味着赋予他们作为公民的平等待遇，同时保护他们保持差异的社群权利。但事情并未如其所愿。1867年创建新的政治秩序时，原住民民族未能在谈判桌上获得一席之地。他们从前与定居者民族之间存在的条约关系被加以忽略，他们作为民族的地位遭到压制。他们既没有获得保持差异的权利，也没有得到参与新联邦的平等权利。由于被排除在国家创建之外，根据《印第安人法案》(Indian Act)的条款，他们被置于国家监护之下。这一法案免除了他们的某些公民义务，比如纳税，同时也拒绝他们选择自己代表的权利、按照自由民族进行组织的权利以及控制自身生存所必需的土地和资源的权利。

现在回头来看，为什么会这样的原因非常清楚。只要原住民民族拥有能够对定居者民族发动战争的实力，定居者即有强烈的动机通过条约寻求和平。一旦这些定居者的社区扩大到足够规模，能有效地与原住民部落竞争，定居者就会无视条约的规定，要求拥有排他性的土地权，并将原住民民族赶到蛮荒腹地。当力量相当的时候，权利会得到承认；当力量偏向定居者时，权利就被拿走了。一开始，当两个群体达成大体平等的条款时，尊重来自互相依赖。当一方不再需要另一方、当一方处于强行实施自己规则的地位时，尊重消失了。当权力关系发生变化，原住民的形象也相应变化。最初接触的时候，原住民的尊严跟他们的权威一样显而易见。然而，到定居者建立支配权之时，原住民就变成了仰人鼻息的依附者。种族主义意识形态将所取得的绝对力量合法化。于是，原住民是劣等种族成了剥夺土地、否定权利的辩护理由。

将原住民民族盘剥殆尽之后，定居者开始教化他们。同化成了解决原住民劣等性的方案。结果，原住民的孩子被从他们的家庭中带走，送到定居点的学校，穿上制服，住进宿舍，教他们信仰基督教，遵守加拿大法律。整个强迫同化的过程比纯粹的种族主义行动更甚。它服务于一种特殊的民主理念：原住民民族只有不再身为原住民，才能成为加拿大公民。

这一政策带来了灾难性的后果，这些后果不仅在加拿大清晰可见，在澳大利亚、新西兰、美国和巴西——在一切原住民民族被拒绝拥有自治权利的地方，都是如此。这远远超出种族主义的轻蔑和帝国主义的傲慢带来伤害的叙事。它也令人惊骇地表明权利为什么至关重要。对于任何民族而言——不管是不是原住民民族——身为民族成员的权利以及按照该身份受到尊重的权利，是个人获得尊重、荣誉和尊严至关重要的条件。当一个民族被剥夺了构建民族体的群体权利之时，该民族之内的个体往往将会分崩离析。无论对原住民还是非原住民，随后的教训一样真切：除非你尊重你自己，除非你生活于其中的政治制度尊重你作为某个民族成员的身份，否则你无法在这个世界上有效地行动并承担自己的责任。

更重大的一个教训在于，不管付出什么努力，强迫性的同化政策始终是一种错误。它们要么唤醒民族的抵抗，要么以付出将它们试图同化的民族的斗志摧毁为代价获得惨痛的成功。其中传达的信息很清楚：你不能依靠武力创造公民——你必须取得他们的同意。19世纪的俄罗斯帝国试图将波兰人俄罗斯化。它遭到了失败，波兰现在是一个独立国家。法兰西第三共和国想把布列塔尼的农民变成法国人。[2] 它们未能成功，布列塔尼语存活至今。所有民族都不会拱手交出他们所珍视的东西——土地、宗教信仰和语言——即使给他们的补偿是个体公民身份的平等。

原住民民族以非凡的历史韧性捍卫他们的民族记忆和条约权利，同化他们的努力失败了，他们从中汲取的意义非常清晰：必须重新取得自治的权利，在个体层次和集体层次都负起自身命运的责任。[3]

然而，这一根本教训仍然没有被加拿大主流社会所接受。你可以简单地将此指责为种族主义，但那样会忽视真正的问题。如果不是定居者相信一个政治共同体必须由共享同样价值、文化和前提的人组成，相信政治平等只有在那些拥有同样认同的人之间才有可能，同化主义政策绝不会无视不可能成功的明显事实而得以实施。消除这种信仰很难，因为它是一种理想，而不仅仅是一种偏见。

原住民并不是唯一受到这种理念——政治共同体需要平等，而平等意味着同质化——荼毒的民族。在19世纪和20世纪早期，魁北克人也遭受——只能用这个词——了同化，而这是一种惩罚形式的平等。当然，原住民的经历恶劣得多，在形式上也有不同。魁北克人从来没有被否认享有跟其他加拿大人一样的公民平等，但他们确实感觉到一种耻辱——在他们身为多数群体的一省之内的地盘上，居然要受到语言占少数的群体在社会和经济上的支配。要得到平等对待，所有的公民必须保持同质——依然是这个前提使得创造一个让说法语的人也真正有家园之感的国家成为不可能。说英语的省份一再压缩或忽视法语群体用自己的语言教育孩子的权利。魁北克人一再得出结论：一个基于权利平等的公民联盟是虚伪的，因为它不允许他们保护一个对民族的生存至关重要的东西。

要是相信这些问题现在已经成了伤心往事，会省去很多麻烦。不幸的是，1968年以来的加拿大政治史告诉我们的故事，是多数群体并不情愿放弃将平等、个人权利和群体同化联系起来。因为这一纽带仍被认为是保持国家团结的关键。明确提出这一策略的关键人物是皮埃尔·特鲁多总理，他相信全体加拿大人的权利平等也许会为魁北克和加拿大之间、原住民民族和主流社会之间日益突出的宪政僵局提供一条出路。[4]

由此出发最能理解他在1968至1984年期间身先

士卒推动的权利革命。他的观点中存在一种强烈的对称性。在面对法裔加拿大人提出的语言和文化应得到特别保护的要求时,特鲁多的回答是,需要保护的不是某个群体的权利,而是个体的权利,而且这些权利不应当局限在魁北克这个特定的地区,而应当适用于整个国家。在1969年他主导的立法中,所有加拿大人在所有联邦机构都有权得到法语和英语的双语服务。

对于土著民族,特鲁多相信问题在于他们作为个体的不平等之中,所以错是出在《印第安人法案》。根据该法案的条款,原住民民族被置于国家政府的监管之下。他们没有享受与其他加拿大人一样的平等权利。只有获得作为个体的完全公民权利,才有可能改变他们的社会附庸地位和悲惨境况。[5]

因此,对于这两个群体,政府提供了以权利平等为基础的新的国家联盟方式。对于原住民,政策的目的是结束家长式立法所强加的特殊群体地位。如果原住民民族希望保持他们的风俗和传统,那是由他们自己决定的私人事务。政府所提供的,是促进他们以个人身份,来纳入国家共同体。换而言之,同化政策保留未动。

在魁北克的情况中,双语权利的目的是为了打破法语加拿大人和英语加拿大人之间的壁垒,将他们都同化在一个双语的国家共同体之中。个人可以保持他们的群体成员身份,这属于私人事务,但他们的共同身份是同一个国家的公民。

在这两个例子中,如果群体目的与个体目的发生冲突,特鲁多将群体视作个体之集合的观点,以及把群体身份视作一种选择性从属关系的想法,就有可能——也应当——破灭。

当特鲁多谈到公正社会的时候,他指的是一个统一的国家空间,在其中全体加拿大人认同彼此都是权利的拥有者。这是最古老的政治共同体蓝图之一。它起源于文艺复兴时期的意大利城邦共和国,是法国大革命的遗产。在这种模式中,国家的统一有赖于平等权利和公民同化。这种理想把群体的差异和群体的需求视作分裂之源,并力求削弱群体对个体的控制,以便将他们更充分地纳入牛顿式的民族国家空间。

因此,特鲁多力图收回加拿大宪法——它从前是英国国会的一项法案——的自主权,确立《权利与自由宪章》在其中的地位,并将这个宪章作为他的遗产传承下来。但这个宪章并没有赋予魁北克人和原住民民族群体权利。它的整体精神是保护个体免受国家的暴政和多数人暴政之害。

对于说英语的加拿大多数群体，他的愿景具有持久的吸引力。任何群体不拥有特权，所有人都权利平等。不存在任何特殊的社群或民族，只有一个所有人的国家。所有地区都被一视同仁。所有个人都得到公正对待。这一愿景应当使国家团结一致。但在现实中，它几乎导致这个国家分裂。其中的原因具有持久的重要性，不仅对加拿大，对于所有力图修订宪法以调和群体差异的多民族、多种族国家也是如此。

最核心的困难并不是公民平等这个目标自身的问题。作为一个国家共同体，其中的每一个体无论种族、信仰、性取向或民族起源如何，都可以信赖权利平等，否则不可能维系这个国家共同体。除非魁北克人和原住民民族得到公平对待和尊重，否则他们不可能真正归属加拿大。

个体权利平等的问题在于，只有个体权利的平等是不够的。它没有承认和保护国家各族群和民族维持其独特身份的权利。

对于加拿大主流群体，这一点的重要性还不是那么明显。在绝大多数人眼中，原住民和说法语的人是少数群体。加拿大《权利与自由宪章》保护少数群体的权利不受侵犯。那么，多数加拿大人问：为什么魁北克人和原住民不愿意套用少数群体的权利保护？答案是，这些人根本不把自己看作少数群体。对少数群体的权利保护未能承认这些群体是一个民族，而不是具有相似特征个体组成的集合。

主流社会的绝大多数加拿大人在面对这样的认同要求时，很容易承认原住民民族的差异以及魁北克人说另一种语言的现实。这些差异作为加拿大人的多种族、多文化遗产的一部分可以接受。但承认文化的差异并不是重点。这些群体寻求的是得到政治上的承认。他们提出的主张是，除非他们享有对语言和土地的集体自治权利，否则他们作为个人的权利无法得到保障。

原住民民族和魁北克人认为自己所提出的主张不同于移民提出的保护自身语言和文化的主张。他们的观点认为，移民是以家庭或个人来到这个国家，作为移民的条件之一，他们同意要学习多数群体的语言，遵守这个国家的法律。按照绝大多数自由国家的规定，移民有权在家中说自己的语言,把他们的母语作为第二语言教给他们的孩子,过他们自己的节日,组织在一起成为社会群体,宗奉他们的宗教。但这些不是群体权利,它们是个体权利,基于宗教自由和集会自由,群体运用它们保持的是一种本质上属于私人类别的文化传承。原住民民族和魁北克人所主张的群体权利是政治的而非文化的,是集体的而非个人的。它们是针对民族地位提出的主张,所基于的是历史优先次序,是他们在国家创建时的在场地位,以及国家合法性所依赖的(或应当依赖的)他们集体同意的事实。如果从未取得过这种同意——比如原住民民族——那么现在必须取得同意。

但这种政治性主张——在一个群体生存之本的地区实行自治——给加拿大主流群体提出了重大问题。加拿大人想知道,《权利与自由宪章》哪里错了么?你不相信它能保护你的权利?你不相信我们吗?要求特别权利,似乎是对这些机制的管辖权投以怀疑,因为原住民社群和魁北克人都不一定承认宪章适用于与他们的民族生存直接相关的事务。他们说:"你们有什么权利把你们的权利强加给我们?"

这个国家的多数人都深深地相信绿台呢版本的政治空间：一个所有人的空间；一套所有人的权利。而少数民族看到的是百衲被模式的政治空间：各有各的自治空间；每个民族管好自己的地盘。对此，多数群体便会发问："如果每个民族坚持自己的空间，还有什么留给共同的空间？"

多数群体还相信，给予部分公民保护其语言和土地的特殊权利，是赋予他们其他公民所没有的特权。当实践中将其他加拿大人排除在外时，这些特权就成了抱怨的对象。比如，如果原住民民族获得排他性的土地权利，可能排斥其他加拿大人对所涉土地或资源的获取。按照几百年前签的正式条约，某些水域被宣布为原住民的渔场，这招致东西海岸渔民的痛恨。[6]两个经济上脆弱的公民群体为双方都赖以生存却日渐稀缺的资源展开竞争，但其中一个群体显然拥有特权，使得天平倾向他们那边。类似的，在原住民民族对土地建立管辖权，并进而对非原住民土地所有者（他们在部落委员会没有投票权）征收财产税的情况下，这些土地所有者相信一个基本的民主原则——"无代表，不纳税"——遭到了破坏。[7]这些人也认为，他们要缴纳联邦、省和原住民的税,而他们的原住民邻居在某些情况下可以免交除原住民税之外的其他所有税种,这是不公平的。许多这样的争端现在已经摆到了法院面前。

同样,魁北克的立法既限制在公共标语牌上使用英语,也限制移民自由选择用什么语言来教导他们的孩子。对于某些母语为英语的魁北克人,这是多数群体的一种特权,是侵犯少数群体的权利。自从1977年的魁北克《法语宪章》(即《101法案》)通过以来,关于政治共同体运作方式的两种互相对立版本之间不断发生冲突,一种将重心放在个人权利上,另一种则注重集体权利。[8]

魁北克的语言政策似乎破坏了国家中立的理想。有些说英语的加拿大人很难理解这种理念:政府政策应当赋予某个群体、某种语言、某种文化以特权,超越其他所有人之上。当然,皮埃尔·特鲁多将加拿大国家视作一个中立的仲裁者,他力图通过双语的立法确保它不会偏袒任何一个民族群体。

实际上,不管怎么号称中立,这个国家一直给英语主流群体的文化以特权。比如说,对双语立法的迫切需要，表明加拿大国家过去在提供服务时的确更倾向于使用英语而非法语。

因此，在处理与群体的关系时，没有一个自由国家真的如其所声称保持中立。在所谓世俗化、中立化的自由民主国家中，指定星期天为休息日以及将圣诞节和复活节作为公共假日，给了基督徒超越其他人的特权。它的节假日和公共符号通常反映出多数群体的价值和文化。[9]

要回应这些批评，自由国家有两种方式：通过不再遵行或庆祝支配地位群体特有的仪式和节日来重申中立性；或者激励所有群体（也就是走向多元化）以彻底重塑中立性。绝大多数现代自由国家采取第二种做法。通过文化多元化的方式，国家为众多群体的文化活动提供支持，并在公众日历上安排传统节庆时包容尽可能多的群体。多元文化主义的意图不是颠覆中立性，而是重申中立性，以将少数群体权利根植于文化之中，对抗多数群体暴政的危险。但这种多元文化政策并不等同于为群体权利背书，它只是力求保护和促进尽可能多的个体的能力，从而确保公众认可他们的不同文化。[10]

另一方面，魁北克政府的目标不是追求中立性。它认为其偏向法语的政策不是多数人暴政的体现，因为这一特殊的多数群体放在加拿大国内恰恰属于少数群体，在整个北美大陆甚至是更为孤立无援的语言少数群体。因此，通常对多数群体支配地位的限制在这里并不适用。该观点继续论证说，这种特殊的多数群体有权运用国家力量，支持自己的群体，当然，前提是不会主动地剥夺说英语的人的权利。[11]

评价魁北克赋予法语特权的案例时，有两个群体权利正当性的检验标准。第一，它们对于此类群体的生存是否绝对必要？第二，这些特权的授予，是否并未侵犯不管是群体之内还是群体之外的个人权利？说英语的加拿大人可能非常不愿意承认，但魁北克的语言立法通过了这两个检验。首先，鉴于少数群体的语言跟濒危鸟类一样，很容易走向灭绝，我们很难否认这个争论点：在一个3亿人口、绝大多数是说英语者的大陆上，对700万人使用的语言进行集体保护是必须的。显然，这样的集体保护对魁北克人很重要，但它对说英语的群体一样重要，因为我们也会从一个珍视语言多样性的国家获益。其次，法语多数群体确实尊重魁北克少数群体的权利。母语为英语的人可以通过公共支出教育他们的孩子说自己的语言；他们也可以得到以自己的语言提供的服务。的确，非英语的移民少数族裔必须学习多数群体的语言，但这是移民到任何一个地方的普遍要求，而且并没有禁止他们在公共场合使用自己的语言，也没说不可以掌握法语之后在大学阶段接受英语教育。

群体权利不仅必须尊重其他群体中的个体的权利——魁北克的语言立法做到了这一点——也要尊重本群体中的个体的权利。达成这样的平衡需要政治上的妥协。说法语的魁北克人无权把孩子送到公共资金资助的英语学校学习。如果他们想这么做，必须自行为这教育支付费用。没有这种对说法语者权利和想要用英语教育孩子的移民权利的限制，多数群体维系法语文化的能力就会受到危害。然而个体权利的牺牲必须经过民主的赞同。在这个例子中确实做到了。多多少少出于良好的风度，说英语的群体和说法语的群体接受了对英语教育扩张的限制。群体权利和个体权利之间的平衡确保了魁北克的政治和社会和平，而就少数群体珍视和平的程度而言，它接受了这一妥协。

在其他地方,这样的妥协很难达成。并不是所有的群体都承认有责任尊重群体之内个体的权利。一些极端宗教群体会限制女性完全参与其宗教仪式和决策过程。这些群体提出,这些限制的存在不是为了保护个体的权利,而是为了遵从神的律法,而既然神规定了女性的某些谦卑形式,那么要求这些群体尊重女性权利,就是要求他们为了世俗的自由原则而牺牲自己的认同。[12]

像我这样的世俗自由派对此很难认可,但这些宗教群体的观点有其道理。那么我们接下来怎么办?因为国家保护这些群体——通过提供安全保障,以及社会和福利服务——它有权要求群体尊重国家的基本法律。然而国家没有权利干预,除非所涉及的宗教仪式对个人造成直接的人身伤害。如果宗教禁止女性参与仪式,国家没有任何理由强迫让她们参与。[13]另一方面,如果宗教群体的成员寻求国家的帮助,想要退出群体,或者行使在外部社会的权利,比如争取受教育或者与自己选择的人结婚,那么国家有责任加以干预,这只是为了让那些个体能够跟其他公民一样行使权利。类似的,如果个人想要参加某个群体,但由于受到歧视而被禁止加入，他们应当有权寻求帮助。也就是说，国家应当进行干预以保护退出或加入的权利，但不是改变这个群体的特质。这种非干预主义的根源在于这样的理念：在处理合法的生活方式时，国家应当保持中立。

宗教群体所寻求的权利意味着保留他们的文化自治，而像魁北克和原住民这样的民族群体所追求的权利是要求政治上的自治。这些显然属于特权，即没有赋予加拿大其他群体的权利。我们怎么会将权利看作特权呢？

在权利体系中，特权是有可能存在的，它们是临时性的，目的是为了纠正过去的不公正。针对女性和弱势少数群体的平权行动项目严格来说属于特权，不是所有的公民都可以享受。但这些例外有正当理由，因为它们的目的不是摧毁平等，而是使平等对所有人成为现实。同样，作为补偿过去劣势地位、纠正过去错误的临时措施，加拿大多数群体可以接受赋予加拿大原住民和魁北克人的特权。魁北克语言立法的正当性是建立在法语需要奋起直追、需要确保自己未来的基础上。但一旦不公正得到纠正，特权是否还应永久持续下去？答案取决于法语在这种情况下的状态。如果其生存已经不存在任何风险，应当要求对群体权利和个体权利之间的平衡作出修正。为了调整这些相互竞争的主张，立法已经多次做了修改。但在某些说英语的魁北克人看来，对英语的限制是否获得了永久正当性始终是一个带有争议的问题。

针对原住民民族的补偿性平权行动在加拿大多数群体中获得了更多支持。他们遭受的不公正待遇现在已经成了共识。纠正过往的必要性非常明确。多数群体承认自己做过错事，承认少数群体有权利获得补偿。

但在这里也需要达成一种平衡，一面是受害的群体所提出的要求，另一面是犯下错误的群体为这要求付出代价的能力。在资本主义社会，为过去的错误给出补偿，可以有两种货币形式：道歉的话语和硬通货。[14] 大家都知道，任何一种方式都是不够的。当一个人因为在原住民学校中的性骚扰和种族歧视而留下终身伤痛，什么样的道歉、什么样的金钱安排能够抚平创伤？最自然的回应将会说，如果任何一种方式都不够，我们能够做的是尽可能慷慨地作出补偿。然而慷慨的回应也会带来问题。加拿大的所有教堂都要承担责任，因为他们管理和运作那些实施联邦强制同化政策的学校。在许多这样的学校中，虐待和性侵司空见惯。即使在不存在这些现象的地方，政策本身就是对原住民身份的侵犯，造成了深刻的创痛。

教会现在承认政策本身以及政策的执行都是对原住民民族权利的无耻侵犯。他们已经作出了道歉。现在的问题是：应该给出什么样的补偿来终结这件事？原住民受害者个人发起了针对教会的诉讼，而感谢加拿大侵权律师的才智，提出的赔偿主张如果得到支持，将会令绝大多数涉诉的机构破产。[15] 问题于是变成，原住民行使为过去的不公正要求补偿的权利，是否应当采取这样一种迫使为包括原住民在内的加拿大人提供精神需求服务的组织无法运作的方式？现在，有一些组织比如法西斯主义政党被正确地宣布取缔，因为它们煽动对其他人类的仇恨、侮辱和暴力。但教会不应当被归入这一类，它们没有鼓吹种族仇恨或侮辱。尽管它们的政策犯过错误，但它们的传教目标确实是将原住民民族看成人类同胞。基于这些原因，很难坐视它们遭受组织消亡的命运。

在原住民民族的权利和宗教团体的权利之间必须

找到一种平衡。法庭上的侵权诉讼是调和这些权利最糟糕的形式，因为诉讼过程牵涉成百上千的个人诉讼，法庭无从平衡两个群体的集体主张。最好的方式，是在土著民族、教会团体和联邦政府之间协商一种三方的解决方案。因为群体权利是相互冲突的，它们必须在政治的层面加以协调。对原住民犯下的伤害是公共之恶，是通过联邦政府发起、由我们的国家所犯下的。如果我们作为公民，想居住在一个尊重自身的国家之中，那么清除污点的唯一方式是让我们所有人而不仅仅是教会来付出代价。

但原住民民族和魁北克人不是简单地要求一时性的特权来弥补过去的伤害。他们要求其他加拿大人不享有的、永久性的自治权利。多数群体承认补偿的必要性，但不承认永久性自治的必要性。

在我成年之后的大部分时间中，这两种自决的要求已经分裂了加拿大社会，到 1982 至 1991 年间，冲突形成了一场危机。[16] 1982 年，《权利与自由宪章》制定，目的是维系和团结国家。英裔加拿大人热情地支持这份枯燥的法律文件，热情程度连《宪章》的许多起草者都感到惊讶。魁北克人不支持。他们认为《宪章》中所保障的权利或者没有必要（因为魁北克有自己的权利宪章），或者是不合法的（因为该省还没有批准这部宪法）。接受过民族主义教导的魁北克人仍然相信，《宪章》是为了削弱他们作为群体的权利。为了让魁北克同意1982年的宪法，联邦政府和地方政府在米奇湖（Meech Lake）达成协议，承认魁北克社会的独特性，并保证其在语言和其他与文化生存有关的重要领域的自治权利。这一协议被加拿大英裔选民和立法机关否决，因为它似乎赋予魁北克其他地区所没有的特权，并且该协议显然忽视了原住民群体的要求。在1992年的夏洛特敦（Charlottetown），一份寻求既保护原住民民族也保护魁北克人的宪政协议也在全民公投中失败。多数英裔加拿大人相信群体权利的确立会令这个国家分崩离析，而多数魁北克人认为协议中写入的权利并没有保护他们的基本利益。

群体权利是否应当优先于个体权利，以及更宏大的问题——加拿大是一个单一的政治空间还是一个民族空间的多元集合，这两个问题依然无解。在这种走入死胡同的情况下，魁北克政府1995年提出一项将国家彻底瓦解的议案，但在该省的公民投票中以不足6

万票的差距未能获得通过。[17]从那次"濒死体验"之后,唯一获得的共识是,我们应当将一切延后,不管是分离还是建立一个新的联邦,直到我们都想更进一步的时候。那种要么找到共同基础、要么达成分离协议的狂热渴求被保持彼此冷漠的策略性协议所取代了。

这整个故事也许可以看作一则寓言,讲述了权利话语本身的无所作为。一旦各群体开始主张权利,各种自以为是的正确就冒出来了,冲突于是变得不可调和。国家承受不了过度的自以为是。事实上,如果一个国家只是一个权利享有者的共同体,它完全无法生存。幸好,国家不仅仅是一个权利组织,它们有极为复杂的劳动分工,而正如亚当·斯密教导我们的,人们可以相互合作,不需要以国家获益为目的——事实上除了自身利益外,不需要以任何其他利益为目的。如果我们不仅把加拿大看作一个权利共同体,而且也看作一种劳动分工,一架由数百万金融、社会和技术关系集聚在一起的高效经济机器,我们的感觉马上好了很多。我们也许彼此并未达成一致,但我们知道如何携手工作。所以艰难的宪政历程已经告诉我们,即使站在权利的悬崖边缘,国家依然可以生存和维系。

这应当教导我们，将我们团结在一起的东西远比权利、宪法以及密室里的政治交易深刻。我们之所以凝聚在一起，是依靠我们日常的所作所为。我们之所以凝聚在一起，还依靠记忆，依靠我们对土地和社区的依恋，对我们亲近的人和地方的依恋。这些是更为深层的纽带，所以我们没有理由绝望。我们同意保持分歧。

不过，我们确实需要找到更好的方式来解决我们的权利冲突。我们需要找到办法来调和绿台呢式的国家愿景与我们百衲被式的土地蓝图。前者是一个平等权利拥有者的共同体，后者可视作各种自治形式相互重叠的网络。

尽管这些愿景之间互相竞争，但它们在实践中并非不可调和。群体权利若是尊重个体的退出权利和群体内少数人的权利，就从未造成问题。魁北克的语言立法实际上是一次谨慎认真的尝试，两个语言群体试图找出一个合理的**妥协方案**（*modus vivendi*）。当然，关于魁北克在加拿大联邦内的未来还有更大的问题没有解决，我将在最后一讲中讨论这一点，现在我只想指出，群体权利和个体权利的相互冲突一度困扰着魁北克与加拿大的关系，但现在已经达成解决这些主张的初步方案,至少在语言方面如此。

与之类似,原住民民族群体提出权利主张的痛苦历史已经进入真诚地相互认同和协商的阶段。原住民群体一直认为,他们对土地和资源的条约主张是基于与其他人分享使用权的理念,而非欧洲人排他性所有权的模式。如果存在分享的意愿,那么解决便有可能。问题是如何在两个有着如此漫长伤害和痛苦历史的民族之间创造良好的分享信心,尤其是在分享遭受挫折的时候如何对争端作出裁断。

正如原住民领导人一直强调的,正如加拿大原住民民族事务皇家委员会最近提出的:解决上述两个问题的最佳方式是进入条约谈判的程序。[18] 这一程序认同双方已经存在的条约义务,它也认同双方作为平等的民族来到谈判桌前。谈判的目的不仅是为了划定土地和资源的产权,不仅是为了将地方政府的权威交给合法的原住民当局,也是为了找到分享国家领土主权的方式。这个议题带给双方的是极其艰难的原则问题。对于加拿大政府,甚至与原住民民族就分享主权展开谈判本身就是承认他们所讨论的主权是一床管辖权重叠的百衲被(国家或联邦权力只是其中的三分之一)。

对于原住民，就分享主权进行讨论，是要求他们承认一个政府的合法性，而这个政府曾经主宰、剥夺了自己作为一个民族的权利。这种双重认同的过程极其艰难，至今仍没有完全落定。也许需要几代人的时间才能完成这个过程，让真诚分享的精神真正成为可能。因此，谈判程序需要设计成解决问题和相互认同的联合过程。

分享主权的问题不仅仅是个设计分权方案的问题——比如，联邦政府保留诸如外交和国防政策、银行、货币和公民身份之类的领域，而将地方土地、资源、教育、基础设施和社会服务等的管理事务留给原住民民族。实际上，关键问题是加拿大公民身份的统一。[19]非原住民的多数群体相信宪法的权利保护应当优先，而某些原住民民族否认《宪章》对诸如妇女参与决策的权利或居住在原住民土地上的非原住民权利的管辖权。其他原住民群体可能希望拒绝他人加入他们的民族，理由是想加入的个人不拥有他们的血统。然而，任何利用种族、民族或与血缘相关的标准对加拿大任何群体的成员身份提出要求，都侵犯了《宪章》的公民平等权利。

在这些争议不断的例子中，寻求解决方案的正确途径不是问谁的主权——加拿大的还是原住民的——必须优先,而是要问《宪章》提供的保护如何能够与原住民的传统相协调,从而使得结果对双方都具有正当性。还有要这样做应当设计什么样的联合机制?最终,这些事务将在法院得到解决,先在原住民的法院,最后到加拿大最高法院。在所有层面,解决的过程必须是平等参与者之间的跨文化协商。平等是我们的权利传统的要求,尊重差异同样也是。所以《宪章》的保护不仅要尊重也要正确地理解原住民的习俗。在这个过程中必须回答的问题不是谁的规则优先,而是所形成的决定是否得到各方的同意。决策的正当性应当比主权重要得多。如果我们能够加强联合决策中的正当性,那么在这些决策中分享主权所产生的影响不是分裂国家,而是相反,可以使人们更加体会到国家必须作出的决策和选择的正当性。

绝大多数加拿大人相信,加拿大的法律尤其是刑法应当在所有的判决中得到统一适用和执行。但是,如果在原住民政府管辖之下的地区,当联邦或地方法官与原住民同僚一起坐在法庭上,如果每一个群体的法律传统都得到另一方应有的理解和尊重,那么有可能取得双方都想要的结果（即原住民和非原住民加拿大人双方的司法平等）。合作的最强烈的动机来自一个朴素的事实，即如果没有取得司法平等，或者在原住民公民眼里加拿大司法还没有获得正当性，我们就不可能居住在一个取得了他们同意的国家。

研讨如何分享主权的过程极为复杂、拖沓，而且代价高昂。一些原住民群体力图建立原住民政府（也就是控制他们自己的人口、土地和事务）。在这里，机构的能力和经验都存在大量问题，而保留地的自治政府一直存在腐败、低效或裙带关系等情况。[20]原住民民族不会愿意他们政府的信义责任（fiduciary responsibilities）标准低于加拿大的其他政府。其他原住民民族——比如在东部北极（Eastern Arctic）的广袤新自治领努纳武特（Nunavut）[1]的那些民族——正力求控制一个公共政府，一个既统治原住民也同样统治非原住民的政府。在这里，问题是如何平衡事实上的多数群体统治与对少数群体权利的保护，保障少数群体的公共参与。而且还有第三方群体，大多数是住在城市的

---

1 努纳武特于1999年从西北领地分割出来，为加拿大最新的行政区，居民大部分是因纽特原住民。

居民，在寻求对地方服务的有效控制。

这些形式的自治各不相同，每一种自治都与其他自治存在管辖权的重叠，每一个重叠都必须以分享的精神加以协调。这些寻求自治权利的单位通常很小，其内部也会分裂，会彼此对立。单单在加拿大的一个省就有五十一个群体，每一个都声称自己是一个民族，要与省政府就土地主张谈判。[21] 这些谈判有一些进入正式程序已经超过了四分之一世纪。不论从哪个方面来说，双方付出的成本都非常巨大。但就是没有其他选择。同化（不管强制还是不强制）已经尝试过，遭到了失败。近期原住民和非原住民之间针对土地权利的冲突已经引发暴力行为，而在奥卡（Oka）[1]一案中，只是由于军队的介入，暴力才得到遏制。显然我们不能再这样继续下去。要么我们必须在这个国家的各个民族之间分享权力、土地、资源和主权，否则我们将陷入内部的纷争。

但分享必须是双向的。多数群体对原住民民族的认同，必须伴随着原住民民族认同我们平等主张土地

---

1 奥卡危机，1990年，在魁北克境内的奥卡，原住民与政府之间因土地问题发生冲突，一名警察丧生，官方出动军队，危机持续78天。

权利的正当性。如果被愧疚困扰的多数群体在威胁之下被迫心怀怨恨地一步一步退让，我们将无法生存下去。我们需要的是一个建立互信和平等认同的过程，每一方都公开认同另一方的治理与和平生活的权利。在当下，权力属于多数群体，而权利属于少数群体。要想达成相互认同必须重新平衡这一关系，让权力和正当性找到一个新的均衡。只有在那之后，我们才能够同时在两个版本的国家——一个是享有权利的平等主体的共同体，一个是自治民族的共同体——之中和平共处。

第四讲 权利、亲密和家庭生活

在过去的四十年中，权利革命已经深入私人生活中最亲密的领域。随着权利话语从公共领域转移到家庭餐桌，进而进入卧室，它颠覆了性别角色、家庭劳动分工乃至性别身份本身。权利革命已经成为性革命，在这个过程中，它改变了我们所有最重要的社会关系：男性和女性、父母和子女，还有异性恋和同性恋。

所有自由民主国家都经历了同样的社会变革。加拿大模式唯一特别的地方，在于法院和立法机关对于各种权利主张的反应速度，其中包括儿童权利、离婚便利性、堕胎权、婚姻和同居的平权以及性别差异权利的充分确立。不过，这些权利迅速得到承认的事实并不意味着其中没有经历过斗争，也不是说斗争已经结束。女性依然没有获得同工同酬的待遇，而照顾子女的无报酬重负依然不成比例地落在她们身上。同性恋者依然未能享有同等的结婚、收养的权利，或者从他们的伴侣那里继承养老金与其他资产的权利。[1]然而，即使权利革命在私人生活中仍未完成，我们相信它将最终走完整个过程。原因很简单：权利革命诉诸的是平等的理念，而如果抛开这一理念，再无其他可以申诉之地。

在亲密生活中对权利平等的要求也是一种对认同的要求。关于权利我已经说得太多，但认同则说得太少。是时候来定义这个词了。认同是一个非常加拿大化的概念，因为它是由加拿大哲学家查尔斯·泰勒首先提出，并使其成为政治哲学的常用术语。[2]在日常用语中，认出某个人，是在某一张脸上贴上姓名，是将他或她从人群中挑出来。得到认同，是从匿名状态浮现，被人看到，被承认你的身份。当你得到认同的时候，你不再是一个无名之辈，你成了其他人眼中的某个人。群体为了类似的认同而斗争。他们想让大多数人认同自己，重新看待自己，不仅在法律上而且也在道德意义上承认他们是平等的。权利平等是认同的前提，但它还不足以确保认同。当个体和群体寻求认同的时候，他们想要让自己的平等得到认可，也想要自己的差异得到承认。在法律平等之外，群体寻求对他们的文化价值、传统和独特观点的承认。为认同进行的斗争通常要求一群人首先认同自身，克服他们的自我羞耻和自尊缺乏，然后按照他们希望被外部世界所看到的样子规划自己的形象。一旦这个过程开始，斗争就变成要求外部世界改变对群体的观点，采纳群体自身或定式或刻板的观点,把其内部的成员既当作平等的主体,也当成与主流的差异已经得到承认和欢迎的人。

关于认同的全部困难显然在于,它是否意味着默许、接受或赞同。[3]当多数群体给予少数群体权利时,它是在要求默示地接受,还是要积极地赞同这个群体的行为?比如说,同性恋群体想要的当然不仅仅是容忍,还要得到赞同。而赞同似乎来自平等的理念。但权利的平等是否必然要求赞同的平等?多数人已经认可了同性恋的平等权利,但这似乎并不意味着他们赞同,而不过是不情愿的容忍。

在权利革命的时代,对平等权利的要求也变成了对赞同的要求。实际上,甚至可以说,任何没有取得完全赞同的事物都是在否定被排斥的个体(或群体)的平等主体地位。但这里有一个问题——通俗而言,它被叫做政治正确。对权利革命的一个根本批判是,它导致了一种程式化的、虚伪的强迫性赞同文化。当每一个被排斥的群体既要求平等权利又要求认同的时候,多数群体会感到是被迫对那些做法给予道德的赞同,而他们原本最多只是容忍。结果政治正确成了一种新形式道德暴政的代名词：少数人对多数人的暴政。你不能在同性恋人群中谈论性滥交，以免看上去是在一般意义上贬低同性恋。你不可以反对照顾女性的平权行动，以免显得是拒绝完全认同和尊重女性。诸如此类。

另一个问题，这些公共言论的限制是否实际上是一种暴政形式？任何有点记忆的人都知道，近年来的男权文化中普遍存在对女性和同性恋粗野的、攻击性和鄙视的评论。创造一种令各群体免受这些评论的阴霾影响的文化，不应当看作严重限制那些顽固坚持成见者的言论自由。所以综合权衡，权利革命最终导致强制性政治正确的观点很显然是一种误解。不过，终结一种随意的、欠考虑的贬损文化，显然不同于推动一种文化转向衷心赞成同性恋行为和偏向女性的"积极歧视"（positive discrimination）。权利的平等改变道德文化，是因为群体要求认同。在这个过程中，它们迫使性多数群体超越容忍，而走向接受和赞同。只要这个过程是协商产生的，只要它不表现为要求单方面无条件的接受，权利平等就能成功地走向完全认同。但如果主流群体觉得表达赞同而非仅仅容忍是被迫达成的，结果很可能适得其反。当权利和道德变化之间的关系被理解为多数群体和少数群体之间漫长艰难的跨文化协商过程，就会清楚地看到，权利是认同的必要条件，但并不是充分条件。即使获得了权利上的平等，同性伴侣也许还会期待他们的同胞公民也认同他们道德上的平等。这个过程会花一些时间，并且应当以合适的方式开展。不过，似乎也很难相信这种尊重最终无法实现。

在这一讲中，我将检视一个纠缠往复的过程，即权利革命如何在平等认同要求的驱使下，一变成为性革命，再变而发展为道德革命。但这甚至还没开始描述20世纪60年代我成年以来所发生的改变的重要性。权利革命弄潮于更为宏大的波涛之巅，这一波涛带来的改变包括：改善女性获得高等教育的可能性，已婚女性进入劳动力市场，避孕药的使用，以及通过社会福利体系的发展减轻家庭的瓦解带来的冲击。

美国社会理论家弗朗西斯·福山（Francis Fukuyama）将这一系列道德、技术、人口和法律的变化称为"大断裂"（the great disruption）。[4] 所有发达社会都受到它的影响，但正如福山所说，西方社会比其他国家断裂得更为厉害。在日本这样的社会,大断裂没有将传统婚姻扫荡一空,没有增加离婚率。这一事实使我们看到,西方的权利话语不仅仅将已经发生的社会变化写入法律,它实际上推动了变化的出现。西方的离婚率升高,但日本的离婚率没有升高,这是因为西方推崇个人自主价值观,进而侵蚀了以女性的自我牺牲机制为基础的家庭结构。

在这些变化发生四十年后,我们仍然在试图记录它们所产生的影响。记录簿上多的是双重影响。我们有了更多的性自由,也出现更多的离婚。我们有了许多种性别身份,也对我们实际的性别归属有了更多困惑。堕胎权扩大了女性的自由,但同时终止未出世生命的权利也引发了尖锐而激烈的争论。[5] 我们有了更多类型的家庭:同性、单身母亲、单身父亲,然而对家庭的亲密和稳定能否长久持续也有了更多的焦虑。

在这一讲中,我想讲的故事是权利和性的双重革命,并提出这样的问题:权利话语是在弱化,还是在加强我们维系亲密生活的能力?我们都需要亲密,尤其是孩子,但亲密需要持久。权利革命对持久性构成威胁吗?我们是不是讨论了太多亲密生活中的权利,却没有充分地讨论责任?

这些并不是新问题。实际上,他们无非现代自我怀疑的陈年顽疾。我所说的现代,是指所有以市场和个体权利为基础的社会。在北美和西欧,至少从1700年以来,我们就生活在这样的社会之中,从那时候开始便有社会舆论批判受市场深刻影响的生活令家庭这样的稳定机制陷入危机。正如伟大的哈佛经济学家约瑟夫·熊彼特(Joseph Schumpeter)所指出的,资本主义依赖于诸如信任和互信等一类价值观,没有它们,任何人都会觉得参与契约和交换不够安全。[6] 现在,这类价值观的源泉是家庭。但资本主义投资过程的"创造性毁灭"一再颠覆基于现有技术的稳定生活方式和工作方式。这些冲击使得家庭很难保证关爱的持续性。如果薪水压力和时间压力耗尽了家庭生活的情感储备,孩子便很难理解更广阔的社会所依赖的价值观。没有学会如何信任、如何去爱的孩子,会变成自私而偏激的成年人。如果家庭的崩溃变成普遍现象,产生的是野蛮和冷漠的社会秩序。这一系列论证一点都不陌生。资本主义生活之中最长久的恐惧,莫过于该体系侵蚀其维持自身秩序所需要的价值观。

过去人们主要指责资本主义长期存在的不稳定性损害了家庭生活。但新的批判强调其对富足也带来了不稳定。富足偏爱消费胜过储蓄、自我肯定胜过自我约束、现时思维胜过未来导向，从而改变了一个社会的道德经济学。富足还有其他道德影响。稀缺社会受到分配问题的困扰，因而忧心平等；只要贫困不再呈现为绝对的匮乏，富足社会便不那么担心分配问题。悖论的是，真正能够解决贫困问题的富足社会，似乎不像无能为力的稀缺社会那样关心贫困问题的解决。这一悖论也许有助于解释为什么过去四十年来的权利革命暴露了性别、种族和性取向方面的不平等，但更古老的阶层和收入不平等被排除在愤怒名单之外。富足提醒了我们存在一种对自我的否定，却令我们对贫困视而不见。我们慵懒地认定贫困已经消失。没有，它们只是变得不为人所见。

20 世纪 60 年代的权利革命是发达国家历史上持续最久的富足时期的产物，这一点基本没有疑议。那些古老的美德、古老的约束失去了正当性。新的品质——自我修养、自我放纵、自我发展——获得了道德驱动力量。这一语境解释了为什么旧有的自我否定

第四讲 权利、亲密和家庭生活

式道德经济不仅开始在经济原理上失败,也失去了道德尊严。

在富足社会中,资本主义消耗其自身正当性基础的旧观点改头换面重新呈现:富足时代所要求的权利侵蚀了赖以维持社会稳定的家庭结构。[7]富足时代追求的权利实际上要求抛弃在稀缺时代盛行的约束和压制式秩序。家庭生活能够从这种革命性的自由要求中幸存下来吗?权利是不是有可能正在摧毁教导我们道德伦理的机制?

要讲述现代权利对亲密生活的冲击,离婚是一个很好的出发点。作为当时社会立法浪潮的一部分,所有现代国家都在20世纪60年代放宽了它们的婚姻法,这一波浪潮还包括福利改革和成年人之间合乎双方意愿的同性行为的合法化。在加拿大,1968年《离婚法》是我们历史上第一部全国性的离婚法律,它允许在通奸、暴力或双方分居已达三年的情况下结束婚姻。该法案在1985年得到修订,这个等待期被缩短为一年。[8]这一条款有效地将无过错离婚引入加拿大人的生活之中,影响立竿见影。到20世纪90年代,加拿大有三分之一的婚姻最终以离婚收场。这对孩子产生了非常大的影响。据估计，在发达国家，现有正在成长的孩子中，大约有一半将在他们长到 18 岁以前见到父母离婚。[9] 最令人忧心的，是离婚率的上升可能与虐待儿童程度的加剧存在相关性。如果孩子从继父继母那里受虐待的风险被证明高于亲生父母，那么这种相关性确有可能。还不清楚虐待儿童情况是否真的有所增加，但如果在这种增加和离婚率增长之间存在相关性，那么权利革命也许真的产生了令人不安的影响。

随着离婚率的上升，同居的比例也在增加，伴侣们不经婚姻便在一起生活。[10] 同居的增加，表明从 20 世纪 60 年代以来，新的权利已经嵌入亲密生活：按意愿寻找和解除亲密伴侣关系的权利，并且该行为不受教会、国家或家人的干涉。同居是伴侣的一种主权宣言，一种由他们自己而非国家来决定关系条款与存续时间的决断。当然，事实上，当这些关系破裂的时候，同居的伴侣像婚姻伴侣一样，还是要退而诉诸国家（即法院），寻求正式婚姻所提供的维持生活、抚养孩子和分割家庭财产的权利。随着同居比例的增加，要求赋予同居伴侣跟婚姻伴侣同样权利的压力也在增加。所以权利革命的进程产生了一个讽刺性的结果。在情

第四讲 权利、亲密和家庭生活

投意合的时候,伴侣可能想把国家摒弃于他们的关系之外,但当这些关系破裂的时候,他们发现,他们需要让国家回来充当裁定人。

经历了40年的权利革命,我们不再确定法院和立法者在家庭生活中应当扮演什么角色。法律应当推崇或促进某种标准的家庭生活,还是仅为孩子充当**替代父母**(*in loco parentis*)、使他们免遭家庭暴力和家庭破裂的伤害?这个问题已经让许多人的政治观念发生了天翻地覆的转变。女权主义者曾经坚持认为国家应该远离他们的卧室,现在他们强烈呼吁国家进行干涉,保护女性,反对家庭暴力。保守派人士一度对保姆式国家大加挞伐,现在他们要求政府强制推行已经千疮百孔的道德标准。至于自由主义者,许多人暗自在琢磨他们的革命是不是已经走得太远。

是否应该制定法律反对家庭中的体罚,这一争议可以引出我们关于国家和家庭生活之间关系的全部困惑。有些人相信,一个禁止体罚的国家会将法律的力量与一种重要的道德原则相结合。有人坚持,对使用体罚纠正孩子的父母加以惩处,将是对家庭生活的侵犯。安大略法院最近的一个判决反对把体罚孩子视作非法行为,理由是这样破坏了家庭最基本的自治边界。[11]很显然,我们需要保护的孩子们应当享有的权利,正是我们也赋予成年人的同一种权利:过一种免于恐惧的生活。孩子应当尊重他们的父母,但绝不应恐惧他们,因为恐惧总是会令爱与关怀蒙上一层怀疑的阴影。孩子绝不会信任令他们恐惧的人的爱。所以我们不想打孩子,除非真的没有其他办法阻止他们伤害自己或他人。但只要我们作出让步,承认某些温和、无害的体罚有时候可能是必须的,我们就很难在合法的惩罚和非法的惩罚之间作出清晰的区分。我们需要这样做吗?已经有足够多的法律保护孩子免遭身体的虐待,它们可以将孩子置于国家的照看之下。所以他们的权利已经有了保护。额外立法也许只会大大增加被错误起诉的父母的数量,这样做,会削弱而非加强家庭生活。

我想,这个故事最能体现的是:国家保护孩子的能力是有限的。对于儿童保护我们已经拥有很多机制——社会工作者、福利官员、家庭医生、法院任命的监护人等——尽管那些在这个领域工作的人(大多)尽职尽责地在努力,我们的社会仍然为孩子们发出而我们却听不到的尖叫而蒙羞。有些时候，这些呼喊离我们很近，就在一墙之隔外，就在花园栅栏那边，或是超市的下一排货架之间。这说明权利是不够的，福利国家是不够的。事实上，有时候我们在法律文件中写入权利，结果却只是削弱了我们的责任。在我们应对面临虐待的孩子的情况中，也许就是如此。保护儿童的官僚机构尽管有其必要性，但它有时剥夺了社会自身——邻居、朋友和好心的陌生人——正常承担的责任。保护孩子最终不是靠国家，而是靠我们自己。如果看到某个孩子被殴打，我们必须拉响警报。权利革命应当唤起我们的公民勇气，在我们认为应该干预的时候干预，否则它就失去了意义。

权利革命——以及与其相伴随的性革命——不可避免地引发了强烈反应。从20世纪70年代中期以来，保守派政治家和社会分析家一直在攻击60年代的自由派改革，谴责这些改革造成的后果。这种反应改变逆转了一般保守派关于权利的立场。保守派过去是个人权利的强烈支持者，因为权利为国家干预设定限制，而保守派迫切地想要限制战后的国家权力。另一方面，过去自由派对个人权利的话语抱有更多敌意，因为保守派援引某些权利尤其是财产权利和私人权利来抵制自由派的重要目标,比如建立递进所得税制和福利国家。家庭生活革命将这一阵营的分布颠倒过来。现在保守派说权利走得太远,而自由派力图将权利议程继续下去。

保守派认为,自由派权利话语的问题在于它将人们个体化。一旦开始谈论权利,人们就开始算计与其他人之间涉及付出与牺牲的关系中的成本。而家庭生活以付出与牺牲为基础:父母年复一年地奉献,抚养孩子,而他们原本可以用这些时间追求自己的兴趣;丈夫和妻子彼此奉献,牺牲其他追求和可能性。

这个观点有点道理,但不算很有道理。保守派说权利话语使牺牲本身失去了意义,他们错了。即使冷酷无情的自由派也需要亲密,而我们明白没有牺牲就没有亲密。当伴侣双方彼此付出、共同承受重负,当平等的牺牲带来情感的历久弥新,这些道德和物质的牺牲都值得承担。对家庭生活的抱怨大多不是集中在牺牲本身,而是集中在牺牲的不平等。这种不平等并非出自想象,而是千真万确的。在加拿大,统计表明,即使现在,在经历了一代人的女权运动之后,照顾儿童、老人、残疾人和病人的重担，有70%仍旧落在女性身上，其中大多数人没有从这些重要工作中获得报酬。[12] 这些长期以来存在的事实使我们清楚看到，20世纪60年代反抗家庭生活的革命并非反对牺牲，而是反对不平等的牺牲。而且从这些统计数字判断，革命仍未成功。

但女权主义远不只是反对不平等牺牲的革命，它还反对某些特定的牺牲形式，尤其是女性身份的牺牲。20世纪60年代长大成人的年轻女性追溯她们的母亲——在大萧条和第二次世界大战时成年的一代女性——经历的人生，觉得她们为了自己的丈夫和孩子而放弃了自己的生活。她们所作出的牺牲正是她们的自我。这是一种根本性的错误，必须加以纠正。但当女儿们提出这个问题的时候，带来的常常是痛苦。女儿们尖锐地指责那是牺牲，而有些母亲不无辛酸地觉得那是成就，至少是某种形式的成就。但有时候，两代人之间的对立最终使双方都感觉到同样的不公正。

作为一名在20世纪60年代成年的男性，我深深地被女权主义权利话语和这种母女之间的计算所影响。跟很多男人一样，我很快经历了自己的《父与子》

(*Fathers and Sons*)时刻。我当时接受的核心观念是：我们每一个人都有权利选择自己想过的生活，我们必须为将这一权利扩展到所有人而奋斗。这个观念主要（如果不是唯一地）来自女权主义。这可以称为本真性的理想（the ideal of authenticity）。[13]在这个理想的旗帜下，我们都致力于寻找自我。这意味着摆脱家庭、事业和社会，去追寻自我的本真冲动。带来的结果有时候非常可笑：20世纪60年代的本真性崇拜很快就导致无趣的顺从。我们都一窝蜂地寻找自我，最后都进了研究生院。甚至那些退学的人也趋向于顺从一种不顺从的生活方式。

对我们许多人而言，甚至对那些把60年代只看作一段插曲或一份记忆的人而言，本真性的理想给我们对人生和事业究竟为何的想法植入了强有力的影响。本真性告诉我们，我们不仅对他人有一份责任，对自己也有一份责任，在面临这两份责任的冲突时，我们有时候必须选择自己，而放弃我们的孩子、家人、爱人和朋友。

所以，总结到目前为止的观点，有两个道德理念是私人生活中权利革命的核心：首先，如果家庭付出不是平等的,那么就是不公正的;其次,我们每个人都负有一份对自己的责任,而且它与我们对其他人所负的责任是平等的。我们必须立刻承认,这二者是高度对立的价值观。保守的社会批评家会认为,这些理念只不过是一种为自私正名的精致方式。我称为权利革命的东西,保守派贬之为放纵革命。放纵的根本罪恶是只要权利,不承担责任:想要无爱的性,想要无需承诺的亲密,而最坏的是想要孩子却不愿意照顾他们。这种观点继续说,自由主义是与放纵做了一笔魔鬼交易。权利话语打着本真性伦理的名义,实际上恰恰破坏了道德行为的可能,因为它显然会将每一种自私的冲动都本真化:在婚姻受阻的时候结束婚姻,在工作召唤的时候放弃孩子,在快感来临的时候无视责任。保守派批评还说,令事情更加糟糕的是,国家还与这种自私同流合污,给未婚的妈妈提供福利待遇,从而不负责任的代价不是由犯下错误的人承担,而是由被过度压榨的纳税人支付。

保守派认为,当离婚变得司空见惯,孩子们就是在一个所有信任都有条件的道德世界中成长,因为背叛随时可能发生。[14] 按照保守派的批评,我们冒着制造出对他人几无信任，也不想组织自己家庭的一代人这样巨大的风险。

而且，保守派提出，即使家庭在放纵革命中幸存下来，它们也受到了伤害。错误在于，相信家庭可以像一个享有权利的平等个体组成的社会那样去运作。孩子不是与他们的父母平等的个体，他们需要限制和规矩。这种观点认为，以权利-平等模型为基础的放纵型培养，制造了在20世纪90年代成年的一代年轻人，他们从来没有明白自律的意义。

让我们尽可能承认保守派的反击。让我们承认自由不是允许你为所欲为。让我们坚持父亲和母亲必须知道如何说"不"；孩子的道德生活必须从理解限制开始；任何准备进入婚姻之旅的人不能只看快乐与否，而是必须依据其他更艰难的标准来作出决定，比如坚持。所有这些并不是不适合自由派的气质，它们与男女之间权利平等的承诺也不冲突。事实上，除非伴侣双方都朝着平等方向努力，否则不可能设想婚姻最终能持续。

保守派对放纵的批评有它的道理，但在严格的字面意义上，它是一种反动。它想通过强制性的立法——例如让离婚变得更难，或者令单身父母付出代价——将时光倒转，但这将违背保守主义自身对个体自由的承诺。自由派的立场只不过更符合这一承诺而已。而且，自由派的权利文化并不是要抹除责任，相反，它预设了责任。做孩子的父亲就要肩负抚养孩子的责任。如果一个父亲抛弃家庭，不付抚养费，应当要求他承担责任，如果还是拒绝支付，那么就惩罚他。如果怀孕的准妈妈滥用毒品或酗酒，以致伤害到胎儿，应该让她们领教法律的威严。[15] 如果一个国家的儿童保护机构未能将责任归咎于失职的父母，其福利机构却默默介入、处理其后果，那么便破坏了权利与责任之间的关联，而正是这种关联使权利文化和公共秩序保持一致。在这个问题上，自由派和保守派的看法是相同的。

但在其他问题上，分歧无法弥合。保守派认为家庭崩塌，自由派则视之为进入新形态的突变。当今世界，存在许多种好父母，许多种好家庭：核心家庭、扩展家庭、单亲家庭、同性家庭。存在许多种家庭的事实并不是说，对于什么样的家庭是好家庭不再有任何固定的标准。对"好"的检验虽然松散，但很清楚：

好的家庭是一个共同体,其中的每一成员都认同并展现对其他所有成员福祉的道德关怀,终身不渝。其中的关键不一定是爱,不一定是拥抱,也不是催泪的迪士尼家庭片式的情节,而是一种持久的道德承诺。一个孩子需要感受到她的成长对于另一个人极为重要,而这个人将一直陪伴着她,保证她尽其可能地发展。自由派坚持的是这样的理念:一种对家庭生活中关爱与责任之绝对标准的承诺,和一种认定这些标准可以通过各种各样的人、各种可能的家庭形式来满足的信念,两者之间是可能调和起来的。

所谓的家庭价值,像北美的流行娱乐、登坛布道和政治说教中所传播的那些东西,是一种彻头彻尾的压迫。它们让人们感到自己不够好,觉得羞耻或是内疚,因为他们无力遵守那些所谓的家庭生活准则,而这准则实际上是很晚近的、到"二战"后才确立的郊区式家庭生活的标准。

我们完全需要家庭价值,但我们真正需要的价值必须是多元的。我们应当明白,任何孩子的基本道德需要,都能从各种家庭安排中得到满足,范围横跨从包办婚姻到同性父母的所有家庭模式。天性和自然本能对于这些事务只有部分指引作用。如果称职的养育仅仅与本能有关，家庭就不会如此经常地变成破坏性的机制。完全没有血缘关系的陌生人通过领养成为更优秀的父母，或者继父继母比亲生父母更亲，这样的情况并不少见。当然，也有继父继母虐待的案例说明，并非所有的情况都如此。

要点在于，不能把某一类父母全都一棍子打死。相反，坚持这种成见在这里对我们没什么帮助：如果坚持认为某一类型的父母总是做得比其他人好，我们肯定会犯错。同性父母已经告诉我们，异性恋和好的抚育之间没有必然联系。在任何情况下，我们要问的不是父亲和母亲的性别角色，也不是问父母与孩子之间是血缘关系还是领养关系，而是要问他们是不是好的父母。在这里，"好"的检验标准在于持久的道德关怀以及愿意为了孩子的利益作出合理的牺牲。家庭不是一座公交车站，如果没有持续的照顾和关爱，孩子们不会健康成长。持续性意味着牺牲，但合理的牺牲并不一定要将孩子的利益放在首位。如果家庭生活建基于不平等和无限制的牺牲，那么没有一种模式可以管用。作为一座道德训练场，家庭应当教育孩子：

任何人的利益都不应当自动排在第一位，孩子的利益当然也不例外。

做好其中任何一项都不容易。我们没有人能总是给予他人无条件的道德关怀，但有些让我们吃惊的人常常比我们做得更好。睁开我们的眼睛，看看其他家庭采取的不同方式，要比嘲讽那些行事与我们不同的人有用得多。多元主义并不等于相对主义。它意味着谦卑。

但是，保守派说，即使承认同性家庭、单亲家庭或离婚家庭的可行性，问题在于这些新的家庭形式不会持久存在。它们会被自由派的下列理念从内部吞噬：家庭生活应当带来满足，如果不满足的话，每一个成员都应当行使他们的退出权利。

让我们承认，那些父亲——以及母亲——借着"寻找自我"的名义抛弃家庭，是孩子们在为成年人无法调和责任与欲望、自由与义务来承担高昂代价。作为父亲，我为现代加拿大有关父亲身份和离婚的统计数字痛心不已：86%的案例是由母亲承担孩子的抚养权，而加拿大离婚的家庭中，超过40%的孩子每个月只见到一次父亲。英国的数据显示，即使父母双方都留在孩子的生活中，在配偶都有工作的家庭里，母亲每天陪伴孩子的时间为 90 分钟，而父亲只有 15 分钟。在加拿大的双职工家庭中，同样的情况一定也广泛存在。在这里，要实现本真性的理想——父母双方都追求充分展现他们能力的生活——存在以孩子为代价的风险。但让我们停止为这些趋势悲叹吧，就当我们无能为力、束手无策，就当它们是某种邪恶的命中注定一样。我们制造了权利革命，就必须对它作出修补。双职工家庭正在为此付出努力。我所认识的人中，凡是负责任的双职工伴侣都意识到了对自己应尽的责任和对孩子应尽的责任之间的冲突。他们中的许多人想两者兼顾，结果发现他们最需要一样东西：陪伴彼此的时间。

在这些彼此冲突的主张的压力之下，许多家庭确实走向解体。有些父母完全就是逃避。消失的爸爸——既不付钱抚养孩子，也不去看望孩子——是无法否认的事实，他在孩子生命中的缺席带来的影响令人痛苦。[16] 当然，这些影响不只是伤害孩子，也伤害了女性。离婚成了加拿大不平等的放大器：大量带孩子的单身母亲处于严重贫困状态。[17]

然而这个危机太过复杂,不能轻易地只归罪于"该死的爸爸"。1998年,在加拿大国会委员会的一次听证会上,父亲团体强烈抱怨他们为家庭中发生的一切承担了太多公众责难的压力。事实上,他们声称遭到了歧视。在争夺监护权时,法院更偏向母亲而不是父亲,而且律师滥用离婚程序,耗尽工薪男人的财产。这些团体主张用"共同养育"制度替代1985年的《离婚法》创设的"监护和探视"制度,赋予父母双方同等的抚养孩子成长的权利。[18]这些都是明智的、早该提出的建议,而这些建议得以提出,表明男人和女人正在努力纠正权利革命,让平等适用于每一个人。

在面对这些问题时,自由派也需要直面他们的责任。让我们承认,对于家庭的破裂及其在我们社会中带来的后果,权利革命必须承担部分责任。即使还有其他许多因素发挥了作用,比如资本主义社会中的工作压力、市场的成功对许多家庭提出的流动性要求,但我们之所以比祖辈更频繁地离婚,确实是因为我们认为理所当然的那些自由,以及由此我们所成为的那种人。我们确实相信自己拥有幸福的权利,相信我们想过自己的生活而不是沉默地忍受生活;我们比我们

第四讲 权利、亲密和家庭生活

的祖辈更为鲜明地表达对性之欢愉的渴望,想要更为丰富多彩的性的体验。

但保守派批评这些渴望,将其斥之为自私,这种批评没有太多价值。人们能够而且确实为自私而忏悔,人们也能够拒绝诱惑。但权利革命是由某种比诱惑更强烈的东西推动:它的动力是本真性价值,这种价值塑造我们关于好的生活应当如何的观念。离婚率告诉我们,男人和女人不再愿意默默忍受痛苦。我们的权利文化认可抱怨,为不满正名。它为离开提供道德上的正当性。

在忠实于其他人和忠实于我们自己之间,存在比我们的父母那一代所能想象的更深刻的冲突。完全有这种可能性:你对他人保持真心——例如你的配偶或孩子——却背叛了自己。我所说的背叛,是你将自己奉献给他人,却牺牲了你自己的才能、你的特别天赋、你可以贡献的独特能力。如果你以这种方式背叛了自己,那么你会使自己变得对他人毫无用处,失去了怀着信念和自尊践行你的职责和责任的能力。正是这种道德上的洞察——绝不仅仅是性的欲望和诱惑——驱使如此多的现代婚姻触礁。婚姻可以经受住性的诱惑,甚至可以经受住背叛的考验。它们无法经受的，是伴侣一方相信自己已经背叛了某种对他们具有根本意义的东西。我们应当足够坦诚，承认当一段婚姻迫使伴侣背叛他们自己时，这段婚姻应当结束。

纵使我们应当对离婚给予尊重，不要以为这样的事情没有痛苦。即使那些开开心心地离开的人，在余生之中也会因为真切的悲哀和失败感受而承担压力。对孩子的伤害也是现实的，尽管这种伤害必须对照我们所谓的反事实伤害来进行评价：如果父母不分开，一切又会怎样？确实，关于离婚我们能说的全部，只是它可以教给孩子生活中某种令人伤心然而真实的东西：爱情不是永恒的；信任可以赢取，也会失去；背叛也是生活的现实之一。有些人相信孩子应当始终受到庇护，避免接触这些现实。但我不明白为什么应当让这种无知的天真享受道德特权，因为我不明白为什么隐瞒真相对孩子好。此外，孩子知道的远比我们认为的要多。任何从破裂的婚姻中脱身的人当然都明白了一件事情：如果你不能给孩子说清楚离婚的理由，你就不能给自己理由。你必须给自己理由。但这个道理受到另一个道理的支持：现代家庭是一片道德平等

第四讲 权利、亲密和家庭生活

主体的领地,每个主体都有自己的主张,每个人都享有权利,其中之一就是自我辩护权。

我们有责任告诉孩子真相;我们有责任把我们所作所为的理由告诉他们。持续的道德关怀意味着帮助他们理解我们自己:我们是不完美但努力奋斗的行动者。离婚把每个人从神坛上拉下来。但我们为什么一开始要把自己放在神坛上?父母不需要充当英雄——不管是道德上的还是其他什么英雄。他们也不必是朋友。他们应当就是父母。[19]

孩子确实拥有权利。他们拥有的不仅是被保护、被关爱、免遭虐待的权利,还应被视作享有自己权利的道德主体,拥有自己的意图、目的和对世界的看法,我们不应当预设他们的看法完全与自己相同。自由派的养育理念将共情放在现代家庭生活的核心位置,那就是说,不再想当然地对待孩子,不再把他们当成沉默乖巧地看着高高在上的戏码上演的旁观者,而是承认他们是刚开始走向成熟的成年人,他们的思想应当得到解读,他们的心灵应当得到理解,他们的爱应当努力才可赢得。

孩子们在离婚家庭中长大的社会,是否会成为一个人们不再知道如何互相信任的社会？如果真的出现这样的情况，那只是因为我们对他们撒谎，只是因为我们在并不快乐的时候假装快乐，只是因为我们未能以应有的尊重对待他们的情感，只是因为我们知道自己需要恒久道德关怀所带来的持续光明与温暖，却没能给予他们。

或许只有骄傲自满的人满足于现代婚姻生活和家庭的状态。保守派谴责权利议程制造了家庭生活中从前不存在的不满。但这种说法是错误的。不快乐从前就存在，权利革命只是让男人和女人能够对他们从前感觉到却无力改变的不快乐采取行动。权利所做的，只是扩大人们把自己视作行动者的意识：赋予他们力量，将自己最为迫切的需求视为应当享有的权利；给他们因家庭生活中的不公平、不公正而产生的委屈应有的尊严。但这种不公正是存在的。它无法被更强大的意志和自我克制行为赶走，也不能通过法律驱除。

我们也不能毁掉我们已经取得的成绩。家庭生活中发生的变化不是20世纪60年代风潮的短暂效应，它们不是什么盲目坠入道德自私带来的后果。它们留在了这里，我们需要作出承诺，让全体公民真正实现亲密生活中的道德平等。离婚的家庭需要帮助,让养育孩子的责任真正得到分担,不至于勉勉强强地退让到僵化的监护和探视制度,最终导致孩子与父母分离。我们需要创造更为低廉、有效的机制,协调家庭的冲突,而不至于因高昂的法律成本使得家庭倾家荡产。我们不是要放弃20世纪60年代开始的平等议程,而是需要完成这个议程。同性伴侣应当享有跟异性伴侣一样的结婚、收养、抚育权利,他们应当承担完全同等标准的责任和义务。

有效运作的家庭形式也需要帮助才能坚持下去,这些支持包括提供良好的公共教育、公共资金支持的儿童日托、全民医疗(在必要时甚至应当是免费的),以及意外和失业保险。家庭也需要在工作和压力对亲密生活的影响之下得到喘息。我们需要修改就业的法律,让家庭生活不至于被两份不稳定的收入碾碎。为家庭创造必需的陪伴时间应当是我们社会政策的重要目标。

进入新的世纪,大部分坚持下来的家庭之所以能存在,不是因为放弃了父辈的价值,而是因为重新塑造这些价值、重新平衡劳动分工。他们平衡权利与责任，力求牺牲的平等，并成功地对孩子的行为施加理性的限制。但是，任何一种家庭价值观都不可能得到真正的认同——这是一种对道德之正当性的检验——除非它顶住各种关于家庭生活的压倒性主张，尊重个人的需要。

尽管主张削减赤字的保守派可能对事实感到失望，但对家庭严肃道德承诺的检验标准是花费公共资金的意愿。有效的儿童保护、全民医疗、可负担的儿童看护、一流的初等教育和中等教育，这些都是社会必须为其家庭撑起的保护伞的构件。这种制度的保护伞代价不菲，而那些声称拥护家庭价值观却不愿为此买单的人只不过是在空谈。

权利革命没有导致我们滑入虚无主义和社会崩溃。我们只不过努力依照平等和本真性的双重理想生活，努力让生活反映自己的选择而不必阻碍其他人的生活，其中有成功，也有失败。我们的脚下有传统家庭制度的残骸，但新形式的家庭和亲密生活正在涌现，承担了这些传统制度的残骸曾经承担的工作：以道德关怀的共同经验为我们提供支撑。有很多事情我们可以做得更好，并且我们最好早一点承认，我们不可能面面俱到。如果想要孩子和配偶快快乐乐，我们最好反抗工作对我们的要求；如果我们想被平等对待，必须平等地对待他人；如果想要孩子尊重我们，我们必须尊重他们对规则和秩序的需要。我认为，我们不应改变的，是我们自己身为自由能动主体的意识：所有家庭成员都拥有权利的理念；我们都对自己负有职责，正如对他人负有职责一样；没有人存在只是为了默默地服务、给予、顺从和忍受痛苦；我们不把彼此视作平等的个体——因为父母和孩子之间不可能平等——而是视为有权论理的道德主体，这是我们所能设计的最好形式。自由派的观点在于，孩子有权论理，就像他们应当得到爱一样，论理就是爱的一种形式。

人们常说，我们应当了解自己想要的东西，因为我们很有可能得到它。对于家庭给我们带来的痛苦和混乱，我们需要将其视作得到了我们想要的东西所必须直面的一种挣扎。我们想要自由，而我们不应当再为之道歉。我们必须做的只是为它付出代价。正如以赛亚·伯林（Isaiah Berlin）说过的，自由是一种冷峻的美德：它不是正义、平等或某种平静的生活；它仅仅是自由。[20] 几乎每个人都害怕它。而如果能够不受惩罚，几乎每个人都会限制他人的自由。自由不是唯一的道德美德，不是唯一的道德优先考量，但它恰好是所有其他美德的先决条件。一个不自由的行动者绝不可能是一个负责任的行动者。如果我们珍视责任，那么我们需要有勇气拥抱自由。它正是责任的前提，更不用说它也是自我尊重的前提，从而恰恰构成了本真性生活的基础。权利革命一直服务于自由，我们必须有勇气继续下去，直到我们能够真正说每个人都分享到了它的好处，而不仅仅是承担了它的代价。

第五讲 权利、认同和民族主义

在这一系列讲座中，我回顾了我们国家20世纪60年代以来，不同的公民群体为了权利和认同而展开斗争的历史。到了最后一讲，是时候汇总论点并提出一个基本问题了：权利革命是将我们作为一个民族更紧密地凝聚在一起，还是将我们进一步分裂？

对这个问题的答案取决于你接受谁的观点。在这些讲座中，我所持守的是这些斗争中权利主张者的立场：女性寻求性别和经济的平等，原住民民族寻求对他们土地权利的认同，少数民族寻求他们的文化得到保护，而同性伴侣寻求与异性伴侣同等的待遇。从他们的视角来看，过去40年的历史是一部为了自由而艰苦奋斗的故事，并且远未取得成功。总体来看，他们并不关心凝聚力的问题。

然而，从旁观的多数群体的视角来看，权利革命常常显得不那么像解放，而更像分裂，他们曾经熟悉的加拿大被拆散，重新组合成由对立的权利群体构成的不稳定的集合体：同性恋对异性恋，原住民对非原住民，说法语的人对说英语的人，移民对本国出生的人，健全人对残疾人，富人对穷人。权利革命为这些群体赋予力量，代价是削弱了多数群体的力量。当多数群体感到自己被削弱时，很自然地会相信国家也遭到了削弱。

少数群体赢得了认同，现在轮到多数群体环顾四周并且惊愕地发问：自己是否得到了认同。哪里还有多数群体？我们是谁？我们曾经以为很清楚地知道自己是谁：白人，异性恋，重视家庭，本国出生，首先把自己看成加拿大人而其他一切都排在后面。现在的身份——如性别、人种、宗教信仰、民族等——将所有人区分开，真的很难说还有一个加拿大多数群体存在。这也许是我们的精英普遍认为我们的国家从来没有如此难以治理的原因之一。国家政治的基本任务是创造多数群体（即全国性的利益联盟）。随着权利革命将多数群体瓦解，它也瓦解了使国家保持团结合一的联盟。

权利革命还把政治变成一场受害者和其所谓压迫者之间的互相控诉。并不是说不存在真正的受害者，问题在于，多数群体真的很难接受这样的观点：当代的人还要为过去的人造成的伤害承担责任。加拿大多数群体还要为过去对原住民的虐待继续付出多久的代价？为了种族主义、男性至上主义以及其他形式的不

第五讲 权利、认同和民族主义

公正还要忏悔多久？对于许多加拿大人，很显然关于过去不公正的争论带来的不是相互认同，而是憎恨。受害者和压迫者变得相互依存，深陷于各自的角色之中，无法摆脱。受害的少数群体痛恨要依靠多数群体来获得补偿。多数群体痛恨要指望少数群体给出谅解。既然谅解会丧失未来提出要求的权利，受害者便倾向于不给谅解；既然补偿意味着承认罪责，补偿也会按住不给。于是论辩的政治被勒索和拖延的政治取代。加拿大社会多数群体中的很多人觉得，自己被各种受害者群体不断的控诉送上了审判席，他们不会将权利革命看作被排斥者通过努力获得成功接纳的故事。相反，他们看到的是一个曾经强大的国家如何遭到瓦解的故事。

在我们确定权利革命是否给国家团结带来毁灭性打击之前，应当注意到，对权利革命及其后果的关注为团结问题提供了一个新的视角，不同于权利革命开始之前我们所习惯的方式。在20世纪60年代初期，关于团结的争论几乎完全集中于能否在加拿大联邦的框架之内满足魁北克的要求。在这个框架内不存在其他人提出的主张，没有原住民、女性、有色人种和同性群体。这些群体中没有一个被看作对国家团结构成政治挑战。这样的挑战只来自魁北克,而解决这一挑战的圣殿是联邦主义大祭司们——宪政律师以及联邦和地方政府的官员——的保留之地,他们熟悉《英国北美法案》每一项晦涩难懂的条款,并且像那古老的笑话说的那样可以告诉你,在加拿大发生性关系是归地方政府管,还是属于联邦政府的事务。

这些大祭司从事他们的工作已经有一又四分之一个世纪,他们诠释神圣的文本,面对信众舌灿莲花,但他们没有能成功保持国家的团结。就在 1995 年的魁北克公投中,我们以 6 万张选票之差,差一点将国家推向解体。到这个时候,大祭司们已经失去对团结之仪式的控制。魁北克针对加拿大的战斗,与所有其他为了认同的战斗混杂在一起。在关于魁北克未来的宪制讨论中,原住民和女性群体在谈判桌上赢得了一席之地。魁北克发现,除非原住民民族和女性也实现他们的要求,否则无法保证自己的要求得到满足。这些权利主张交汇在同一个谈判场,结果造成了僵局。魁北克和加拿大之间的双边协商转变成一个多方参与的游戏。这种"权利的迷狂"——权利主张的多样化和

第五讲 权利、认同和民族主义

纠缠不休——使得许多观察家质疑我们保持国家团结的能力。[1]

但这一消极观点也可以从积极的一面来看。权利对话并没有令国家解体,事实上,它使得国家的团结进程更为民主化。女性和原住民在1987至1991年间闯出一条道路,参与国家团结的谈判,他们获得的参与权不仅限于他们自己,也惠及全体加拿大人。未来的宪法修订将由全民公投来决定。国民已经奋力争取进入了内部的密室,不管未来在那里要举行什么神秘的仪式,都将需要得到国民的同意。

这个关于权利要求和民主的特别论点可以一般化。少数民族开展的斗争并不只是为了他们自己的群体。有时候,他们所赢得的权利,也是为每一个人赢得的权利。例如,女性从来不只是为她们自己在斗争,她们为了孩子而斗争,甚至为了她们生活中的男人而斗争。类似地,《权利与自由宪章》不只是不同语言、不同性取向和原住民的少数群体的固有权利的集合。它面向全体公民,将权利标准化。特定群体的权利斗争促进或明晰了所有公民的权利,在这个意义上,这种斗争是加强而非削弱了这个国家。

即使所赢得的权利只是排他性地适用于某个特殊群体，所有人也可能间接地从中受益，因为政治进程变得更加具有包容性，从而更有能力对公众的需求和热望作出响应。因此，当残疾人的通行和行动的权利得到认可的时候，只有他们从中具体获益，但我们其他人也以更为广泛的方式受益。我们受益，是因为残疾人从困扰他们和我们的依赖关系中摆脱出来。只要行动权利得到保障，他们就可以照顾好自己，与其他人在真正平等的基础上建立关系。残疾人的特别行动权利给我们带来的第二个好处是，它有助于我们的民主更好地运作。我们不需要再代表残疾人的利益，因为他们可以做到自己代表自己。而那些代表自己的人肯定能比其他任何人做得更好。[2]

不过，在其他情况下，多数群体很难相信他们从权利革命中得到了好处。其他的斗争，例如为了语言权利、原住民财产权和性解放的斗争，似乎并没有让多数群体获益，反而迫使他们的权力和文化权威收缩。我们所说的文化权威，是多数群体定义这个国家代表什么、如何看待自己、如何被外部世界看待的权利。在讨论性道德时，权利革命的冲击在于削弱了异性恋多数群体界定个人生活中何为正常、何为标准的权力。在讨论我们国家的历史和自我形象时，原住民革命的冲击迫使加拿大多数群体直面我们国家历史上的种族主义幽灵。换句话说，当群体获得权利时，他们也获得了改变国家叙事的权利，而当他们这样做的时候，产生的结果可能非常痛苦。一旦权利被授予出去，多数群体就得承认真相，而真相可能产生伤害。

以更为直接、即时的方式（比如通过交税），加拿大多数群体不得不为权利革命支付代价。对于这个旁观多数群体中的许多人而言，加拿大国家似乎被当作一个杂货店，它坐落于联邦权力和地方权力交汇的尘土飞扬的十字路口，每一个经过的旅行者都可以在这种那种权利主张的名义下随意进来洗劫。当然，这些互相交汇的权利主张——包括福利、就业保险、公平报酬和原住民财产权——会使联邦财政赤字增加。到了1995年，这个问题必须要解决。但解决办法——削减联邦服务——进一步弱化了保持国家团结的社会福利和地区调整计划。从这个角度来看，满足各种权利主张并不总是能加强国家的团结。

20世纪80年代和90年代，加拿大英裔民族主义的复兴，不仅是对魁北克民族主义，也是对上述趋势作出的反应。英裔加拿大人的心态陷入一种纯粹的愤怒之中：够了，受够了。这种愤怒不仅针对魁北克，也针对原住民民族和主张权利的其他人。让步让够了，谈判谈够了，权利也已经够多了。均质性联邦主义博得了一种新的同情：所有地区、所有个体的权利平等，任何人不拥有特殊地位。我所称的台球桌版本的国家政治空间似乎能够终结受害和勒索的政治。严格的个体权利平等会将我们聚合在一起。我们不再将彼此看作互相竞争的权利群体，相反，我们将把自己看作同胞公民。

在之前的讲座中，我说过这一均质性的权利版本不管用。我们的历史不是这样的。我们就是各种特殊的社团组成的一床百衲被。魁北克有权被认可为一个特殊的社团，它的语言法律、移民立法和教育条例应当保持不同，以保护这个地区与众不同的东西。基于阿卡迪亚（Acadian）少数民族的规模和重要性，新不伦瑞克（New Brunswick）也需要有特别的语言法律，以及法语的教育。有大量原住民人口的省份，比如不列颠哥伦比亚（British Columbia），也许得采取不同

第五讲 权利、认同和民族主义

于其他省份的方式移交对土地和资源的权力。每一种情况都不同,每一种都需要以特殊协议来解决。

然而对独特性的认同并不一定会分裂国家。应当用来平衡这些独特性条约的,是一种互惠(reciprocity)的政治。如果考虑到魁北克的语言和文化而授予其特定的权利,那么国家的其他地方有权期待它们的省保护其少数群体的语言、文化和宗教。互惠而不是所有人的严格均质性,才是超越让步和威胁政治、进入互相认同的途径,在这过程中每一方都认识到对方的独特性。

用另外一个例子来说,原住民群体作为这个国家的原始居民,对土地和资源有其独特的主张。但正因为除非获得他们的同意,他们的条约不能被后来的立法"消灭",所以其他加拿大人的权利也不能因对原住民权利的认同而消灭。我们的任务是找到办法,协调原住民的诉求和其他加拿大人利用共同资源的权利,协调原住民主张和联邦政府节约利用、保护环境的职责。在大西洋和太平洋的渔场,这些问题已经爆发出来。伯恩特彻奇已经和奥卡一起载入加拿大冲突的史册。但在摇头叹息文明的沦丧之前,我们真的应该记住：权利没有创造冲突，它们只是确认诉求的效力。而在处理有关资源管理的争论时，将诉求理解为权利是有好处的。[3] 我们并不想回到原住民民族没有任何权利、联邦政府对资源的管理没有受到任何质疑的时候。同样，我们也不想人们藐视法律，或者把法律抓在他们自己的手中。如果这是对宽容程度的限制，那么法院和立法机关只需要在中间的某个地方寻找一种和平的裁断。[4] 除非双方都承认加拿大法律的最终主宰权，否则原住民民族和非原住民加拿大人无法和平共处。在这个共同的框架之下，特殊的原住民权利可以与其他群体的使用权和联邦政府的环境控制相调和。所有人关注的整体目标是找到一种方式，既承认群体权利，同时维持加拿大公民身份的统一，从而我们不再有二等公民，也不再有特权群体，我们可以对所有加拿大人保持同等的道德考量。

这已不仅仅是平衡权利。它也意味着对认同行为加以平衡。当前，加拿大多数群体感到自己面临来自各个少数群体的多重认同要求，而少数群体不承认有认同多数群体的任何义务。这是英裔加拿大人对魁北克心怀怨恨的核心所在。这种感觉在于，加拿大多数群体被要求让步，承认魁北克的特殊地位，但没有相应赢得对加拿大的任何认同作为回报。这种可以感知的认同不平等导致许多英裔加拿大人拒绝做进一步的退让。被证明无法忍受的，不是魁北克所提要求的性质，而是与这些要求相随而来的分离威胁。给我们我们想要的，否则我们就走人——这不是一种认同的形式，反而是一种蔑视的表现。

但这种认同的不平等在权利革命的其他战线也可以感受到。如果一个性少数群体要求他们的权利，同时又谴责异性恋家庭的价值观，会发现自己很难获得多数群体的认同。多数群体可以承认不能将自己的价值观强加给少数群体，但他们看不到有任何理由让自己的价值观荒谬化。他们也不会觉得除了包容性少数群体的行为之外，还要做出更多努力。少数群体要求完全赞同，得到的常常是政治正确的表面文章，而非真诚的、受到欢迎的心理转变。如果认同真正变成相互的，如果少数群体和多数群体都同意，在与性有关的事务上，性品味的真实差异与那些关于何为残忍、侮辱、强迫和不公正的重大道德共识可以相容，这种情况将会改变。为了消除道德碎片化的感觉，需要确认的其实是一个常识：正直和同意的共同标准，与性行为和性经历的多样化并不冲突。不是双方达成冷漠的契约，简单地承认多数群体和少数群体的性文化存在分歧，而是需要就道德议题对话，让我们能达成共识，哪些是我们共同谴责的残忍、冷落和虐待形式，哪些是我们希望加以鼓励的承诺关怀形式。确实，在性和家庭事务的相互认同过程中，理想情况是少数群体和多数群体都分享自己的经验，互相学习，尤其是在抚养孩子的问题上。

在原住民权利的领域中，一些原住民群体要求得到认同，同时把白人说成"定居者殖民分子"[5]。这样的说法似乎把定居仅仅看作帝国主义统治的一种形式，这是不愿认同多数人群定居和使用我们共同分享的土地的权利。这既不能推动原住民民族财产权的解决，也不能充分代表原住民民族自己的观点。通过新来者和原住民民族几个世纪的合作，原住民已经不同程度上愿意承认，土地的最初拥有者身份并不是使用土地的唯一正当来源。后来者之所以获得了正当性，是通过自己的劳动，通过土地的开垦，通过发掘土地的自然资源，通过建设伟大的城市并且用铁路、公路

第五讲 权利、认同和民族主义

和现在的光纤网络及互联网将它们连接起来。指出非原住民在加拿大定居的正当性,不是要宣称谁高等或低等,只是指出每个人都公平地对土地拥有主张权,所以土地必须分享,[6] 用首席大法官安东尼奥·拉美尔（Antonio Lamer）在他承认德尔加木库（*Delgamuukw*）原住民权利的重要判决中的话来说,"让我们面对一个事实:我们都得留在这里"[7]。

换句话说,认同是一条双向车道。因此,国家团结取决于权利的平等和认同的平等:少数群体认同多数群体;多数群体认同少数群体。双方在他们共同建设因而都愿意信任的法律拱顶之下寻找安身之地。这可以称为国家团结的公民民族主义愿景。[8] 为什么把它叫作民族主义?难道这不是一个危险的词么?我可以用爱国主义来代替它,但这样又会导致在正面的爱国主义和负面的民族主义之间做令人厌烦的区分。事实上,"爱国主义"只是我们献给自己国家的爱的称谓,而"民族主义"是我们贴在其他民族身上的标签。[9] 其实,如果我们将民族主义定义为对国家的有原则的爱,本质上它完全不是狂热或极端的。加拿大人有很多爱他们国家的理由,我认为权利文化是其中之一。

正如我在第一讲中所坚持认为的,加拿大自身的根本独特性在于这样的事实,即我们是一个三足鼎立的民族共同体,它努力平衡个体权利和集体权利,同时不牺牲统一和我们公民身份的平等。如果你问我,我爱这个国家爱的是什么,这就是答案。

承认对权利这种似乎非常无趣的文牍式玩意儿的爱,也许有些奇特。不过我们对权利的思考,应当不止步于在宪法条文中枯燥地列举具体权利,不限于将其看作个体用来保护自己的一套工具。权利创造和维系文化,我们所说的文化指的是心灵的习惯。权利创造共同体。之所以如此,是因为一旦我们相信平等权利,我们就是在承认权利不可分割。捍卫你自己的权利,意味着致力于捍卫他人的权利。

在加拿大,至少有一个省的公民对不可分割性非常了解。1998年,一位儿童时代在阿尔伯塔一家机构被强制绝育的女性(理由是她不适合生育孩子),对阿尔伯塔政府发起诉讼,要求赔偿。多达500名其他妇女有同样的遭遇,阿尔伯塔省省长担心会产生大量的巨额索赔,便想通过立法限制这些女性要求完全赔偿的权利。[10] 这一立法明显践踏了加拿大《权利与自

第五讲 权利、认同和民族主义

由宪章》中设定的女性权利。阿尔伯塔公民发起了一波抗议风暴,迫使总理放弃立法,不仅对那名遭受错误对待的女性支付全额赔偿,而且对所有其他未经同意绝育的女性作出赔偿。赢得官司后,取得胜利的那位女子带着嘲讽的笑容告诉记者:"作为一个低能儿,我得到的结果还不错。"而对成千上万支持她的同胞公民来说,结果也不错。

与不可分割的承诺相伴随的,是互相牺牲的承诺。所有权利都令我们付出某种代价。即使有时候我们没有利用我们的权利,但其他人从中获益了,我们为他们而付出。[11]归属于一个权利共同体,意味着我们放弃自己的一部分自由,维持令我们的生活得以可能的集体权利。这种牺牲的理念正是归属某个民族共同体的核心意义:交纳税收,遵纪守法,把争执交给法律裁断并平心静气地遵从裁断。牺牲并未就此止步。我们所记得的战争现在已经很遥远,但战争记忆在所有民族的民族生活中占据核心象征地位,原因在于它们代表所有公民为保持共同体的自由而付出的牺牲。

但民族主义远不仅于此。它是一种观照的方式,一种认同公民同胞归属于共同的权利共同体、有资格得到民族共同体尽其所能提供的保护和关爱的方式。

在权利革命之后,加拿大的核心问题在于权利文化是否足以凝聚国家,它是否创造了足够强烈的归属感、足够热情的相互认同,从而让我们能够和平地解决我们的差异。最经常对公民民族主义的民族共同体愿景提出的批判,是它太过软弱。它将权利平等作为民族团结的基础,但无论是权利还是平等,都没有对人们的忠诚和情感提出足够深刻的、能使他们长期保持团结的主张。[12]

这是对以权利为基础的社会一种非常古老的担忧。十八世纪末期伟大的盎格鲁-爱尔兰保守主义思想家埃德蒙·柏克(Edmund Burke)激烈地批判他观察到的伴随法国大革命而形成的社会类型,警告说,革命者是在将他们自己置于持续不断的叛乱之中。[13]因为这些新的社会是以政党之间的契约、同意和协定为基础的,而这些政党可能解体。与此相对,他为其消逝而悲叹的旧制度(*ancien regime*),是以传统、历史、共同的起源以及所有人类情感与承诺的最深沉的来源为基础。柏克的批评经久不衰,说明他发现了以权利为基础社会的关键缺陷。显然,权利是不够的。将加拿大这样的国家凝聚在一起的因素远比权利深刻：土地、共同记忆、共同的机遇以及共同的希望。然而，柏克和他的保守主义同人低估了现代社会中权利作为正当性源泉的力量和凝聚力，正如他们过于感伤地理解旧制度的正当性一样。陈旧的、古老的有机联系不足以维持法国的旧制度，而继承了它、基于同意和契约的民主共和国已经维系了两百年。

即使契约型社会已经显示出自身令人称奇的强壮生命力，我们仍然担忧——套用威廉·巴特勒·叶芝[1]的话说——"中心再难维系"。为了聚焦当代加拿大存在的对契约和同意的这类古老担忧，我想比较公民民族主义国家和种族民族主义国家。公民民族主义国家由公民的正式宪政行动创造，很大程度上与革命创造的法兰西共和国类似。比如，加拿大是一个公民民族主义国家，它是在1867年通过其公民的契约而创建。用理查德·格温（Richard Gwyn）不无裨益的话说，我们是一个国家民族（state-nation），一个通过权

---

1 威廉·巴特勒·叶芝（William Butler Yeats，1865—1939），爱尔兰著名诗人。"中心再难维系"（the centre cannot hold）出自叶芝诗歌《第二次降临》（"The Second Coming"）。

利框架、基础设施和政府服务所创造和凝聚的民族共同体。[14]

种族民族主义国家对公民的认同,是基于共同的先祖、语言、宗教、风俗和仪式等。在这里,共同的先祖——或者用一个更加具有感情意义的词,共同的血缘——既构成身份的基础,也是互相认同的基础。德国可以被看作一个说同种语言的人的民族共同体,他们的身份和种族渊源在德国国家之前已经存在。与加拿大的国家民族相对,德国是一个民族国家(nation-state),其身份首先源自共同的民族起源,其次才是由共同的权利和国家所赋予的身份[15]。

让我们退一步,承认就凝聚力的基本原则而言,没有一个民族只是种族的或公民的。我们在这里谈论的是理想类型。[16] 美国的团结,既是根植于其宪法中的公民契约的功劳,也依赖于一个事实,即尽管混杂有大量的少数民族,但其人口的多数仍然是说英语、信奉基督教的白人。不过,这种沉默大多数的主宰地位很快会成为明日黄花。在下一个世纪,美国人的主流将不再是说英语、信奉基督教的白人。因此,评论家——大多来自这个正在消逝的主流群体——焦虑地

第五讲 权利、认同和民族主义

提出疑问：在缺乏共同来源的情况下，权利平等是否足以将这个共和国团结在一起。[17]

加拿大面临同样的挑战。它的团结不仅仅依靠宪法，而且还依靠拥有共同先祖而形成的极为强大的纽带。然而，问题在于，我们的先祖源自双重甚至三重传承。在魁北克，主流法语社会将其先祖追溯到最初的法国定居者，而说英语的加拿大人追溯的先祖是十八世纪以来开拓边疆的苏格兰、英格兰和爱尔兰移民。同时，上百万加拿大原住民把他们的先祖追溯到北美的部落民族传承。这种三重传承并不一定会削弱国家，甚至有可能加强国家的力量，但它确实说明，不能通过诉诸共同的起源而寻找民族团结的原则。

为什么加拿大别无选择，只能押注于权利，将自己的统一建立在公民民族主义的原则之上，这是根本原因。它的统一只能来自共同的原则，而不是共同的起源。考虑到移民带来的冲击，这些统一原则的重要性只会大大加强。在我们的主要城市之一多伦多，家庭中使用的语言超过70种，如果是这样，那么显然我们需要一种共同的语言来交流沟通，同样很显然，在未来将是权利而非根源令我们团结在一起。[18]

到了下一个世纪,加拿大的主流群体将与我孩童时代成长于其中的那个主流群体有很大的差异。华裔、锡克教徒、来自乌克兰的加拿大人已经在国家的最高级别机关中占据了一席之地,随着时间的推移,会有更多的类似情况发生。新一代的加拿大精英没有共同的起源,只有对共同价值观的承诺。但当"新加拿大人"成功地走向巅峰的时候,他们寻求纳入(inclusion)的要求迫使我们最基本的神话作出修改。来自这些新群体的加拿大人拒绝接受将加拿大视作奠基族群(也就是英国人、法国人和原住民民族)之间缔结的契约。这一概念似乎没有给他们留下空间。他们大多数人承认,最初的居民可以对领土和语言提出新来者不拥有的权利主张。但随着新来者群体在数量和规模上的壮大,我们的团结将依赖权利的赋予而非共同起源的神话。确实,除了共同的公民身份架构,除了共同的权利,很难找到其他能保持一个多文化社会凝聚的东西。[19]

没有任何理由认为种族异质性与民族团结不相容。前提只是所有加拿大人要互相接受和尊重对方,将对方视作享有权利的平等主体。在这方面,我们还

第五讲 权利、认同和民族主义

有很长的路要走。比如,这就是为什么警察对少数民族群体的暴力是(或者应当是)民族团结问题,因为当法律的公仆不遵守法律的时候,当他们选择特定的群体加以恶意对待的时候,国家作为一个平等主体社会的认同就很成问题了。在我们的社会中,对警察暴力事件的恰当反应不是像通常所认为的加强种族敏感性方面训练,而是开展更多关于公正的训练,促进人们更加理解,团结、文明和社会秩序的*必要条件(sine qua non)*是法律之下的平等保护。

加拿大其他地区迅速地接受了种族异质性以及一种基于共同公民价值的团结概念,与此同时魁北克仍然踌躇不决,想要追求一种不同的议程,从加拿大分离,寻求以种族多数统治为基础的民族主权。它这样做的时候正面临人口结构变化的压力,同样的压力正在改变多伦多的面貌。蒙特利尔的学校操场上所使用的语言种类之多,一定跟多伦多或温哥华一样。新魁北克会是黑人、棕色人种、亚裔和白人的。

魁北克从来都是一个异质的社会,而且大多数人的源头并不是所谓的*纯正法裔(pure laine)*,这从众多完全说法语的奥尼尔(O'Neil)和奥布莱恩

(O'Brien)[1]可以得到证明。但民族主义者中有一小部分人认为,魁北克是家世悠久(*de vieille souche*,即原始居民的祖先)的魁北克人的家园。独立主要被当作建立种族多数统治的一个工具。在危机和失望的时刻,比如1995年的魁北克公投失利时,这些民族主义者把失败归罪于魁北克的少数群体,说他们是内部的异类敌人。并不奇怪,魁北克的少数群体不相信他们的权利在一个独立的魁北克能够得到保障。他们指望加拿大,指望《权利与自由宪章》,作为他们自由的最终守护者。

魁北克分离主义无疑是一种种族民族主义,根源于其独特先祖的历史神话,但绝大多数民族主义者渴求的是一个公民的、能够接纳其所有居民的魁北克。这一种族式心灵和公民式意识之间的分裂,是魁北克民族主义诉求中最根本的矛盾。如果不能说服规模不断增加的移民少数群体,魁北克对公民性和包容性的渴望是真诚的,民族主义的计划一定会招致失败。

只要加拿大成功地说服法裔加拿大人参与国家生活,分离主义也注定会失败。魁北克从来不只是讲法

---

[1] 奥尼尔和奥布莱恩为爱尔兰人常见姓氏。

语的加拿大人的民族家园。正如约翰·拉斯滕·绍尔[1]努力提醒我们的，在现实中，加拿大的民族政治始终通过说法语的领导人和说英语的领导人之间的伙伴关系在维持。从19世纪40年代的鲍德温[2]和拉方丹[3]，到20世纪20年代的金[4]和拉伯因特[5]，魁北克的领导人不仅将魁北克而且把加拿大看作自己的家园。[20]这些伙伴关系实现了加拿大最主要的成就：责任政府、从英国获得独立、修建全国铁路以及公民的平等。这些伙伴关系持续到今天，从1945年以来，英裔加拿大人被三位说法语的总理统治过，他们不明白，魁北克人已经在一座叫作加拿大的大房子里当家做主，为什么还要在那个叫魁北克的小房子里寻求主宰。

如果我们所说的民族是指这样一个人类群体，其中的人们说共同的语言、坚持共同的起源神话和共同

---

1 约翰·拉斯滕·绍尔（John Ralston Saul），1947年生，加拿大政治哲学家。
2 罗伯特·鲍德温（Robert Baldwin，1804—1858），加拿大政治家。
3 路易斯-希波利特·拉方丹（Louis-Hippolyte LaFontaine，1807—1864），加拿大政治家，法裔，与鲍德温携手组建责任政府。
4 威廉·莱昂·麦肯齐·金（William Lyon MacKenzie King，1874—1950），加拿大政治家。
5 欧内斯特·拉伯因特（Ernest Lapointe，1876—1941），加拿大政治家，法裔，金的亲密政治伙伴，在金的内阁中担任要职。

的政治原则,魁北克毫无疑问有资格称为民族。如果魁北克人是一个民族,他们应该能够自我治理。但自决并不必然暗含分离的权利。只有在民族面临毁灭威胁时,只有在必须取得国家权力才能够保障生存的时候,分离并获得完整的国家地位才具有正当性。比如说,科索沃人既要求自决,也要求分离,因为在塞尔维亚的统治之下,他们毫无疑问遭受压迫。这种压迫使他们不可能在南斯拉夫生存下去。[21] 但魁北克并没有面临危及生存的挑战,魁北克人并不需要自己的国家来管理自己的事务。事实上,大多数民族的自决,是通过与其他民族共享国家,通过在一个分权制的(devolved)体系内实现有效的自我治理获得的。这已经为加拿大的分权制联邦试验所证明。

魁北克分离主义分子无法找出明显的受压迫证据来支持分离的主张,于是他们宣称联邦主义阻碍了魁北克对完全自决的渴望,以此逐步激发诉求。但这种主张似是而非,因为任何明眼人都意识到,魁北克政府在教育、语言政策、就业和移民等方面享有完整权力。这说明最终的问题并不是权力在联邦体系内的实际划分,而是主权的象征意义。许多魁北克人并没有获得心理上或情感上对联邦国家的完全归属感,他们寄望于创建自己的国家,从而获得在自己的家里当家做主的终极体验。如果问题出在这里,那么在加拿大实施进一步的宪政分权是浪费时间。做出更多的让步不是问题的关键。

真正的问题在于,对自己国家的历史,我们没有共同的认知。不是权利或权力的问题,而是真相问题。我们并没有活在同样的历史事实之中。现在是时候了。已经有两代英裔加拿大人带着最诚挚的尊重发问:"魁北克想要什么?"是时候让英裔加拿大人来说出我们是谁,我们的国家应该如何。答案是:我们是伙伴关系的民族,是各民族基于共同的公民身份和权利联合在一起的共同体。我们确实拥有共同的历史,而不管你愿不愿意,我们都应当开始追寻共同的真相。

例如,下面是绝大多数英裔加拿大人看到的真相。英国在 1763 年的征服,不但没有消灭法国人在北美的存在,反而事实上为魁北克人带来了第一次自治的体验。自从 1774 年的《魁北克法案》颁布以来,情况就是如此,英国王室承认了天主教信徒的权利,承认法兰西法律的独特性,以及居民(*les habitants*)使用法语作为官方语言的权利。结果是,两百多年以来,魁北克享有跟国家其他地区一样的民主制度,同时享受着对其独特民族性格的认同。实际上,与南边美利坚的共和国相比,魁北克独特性的一个基本元素,在于其国民议会(National Assembly)遵循的是英国议会民主的准则和传统。

我想提出的观点是,如果对历史真相的不同看法继续将我们分裂的话,权利就无法使我们团结。在加拿大,每一方坚持认为不证自明的真相,正是使我们分裂的真相。所以我们该如何做?一种方法是将两种真相放在一起,承认它们的不可相容,然后尽可能把这些争端搁置。不过,几乎没有哪个国家的多数群体和少数群体之间能对真相达成真正的共识,所以让我们收起基于共识而获得团结的幻想。但是只认可分歧的存在是不够的。我们需要缩小关于真相的不同版本之间的鸿沟,并始终承认,某种程度的距离将继续存在下去。对于魁北克人,征服始终是一种征服,但我们也许可以适时地劝说他们,这一征服与其他征服不同,因为它最终为一个民主的魁北克在北美的存在奠定了基础。

第五讲 权利、认同和民族主义

在宪政谈判中，承认魁北克的特殊地位可能无法避免，但这种承认没有改变各方对魁北克在加拿大联邦中地位之历史真相的观点。特殊地位不是对征服的补救。它也并不一定能让魁北克人更愿意接受英裔对历史记录的看法。这意味着我们不应再相信宪政安排可以终结历史争端。在现实中，它们只会为依然永无止尽的对话创造新的基础。

真相是真相，权利是权利，关于两者适用范围的争论将会继续。事实上，只有当对话僵持、毫无进展的时候，破裂才有可能。坚信对民族团结的追求永不会有结束的一天，这并不是绝望，只是承认民族国家的本质正是容纳各种不相容的民族叙事。凝聚民族不是要我们强迫这些互不相容的叙事变成一个故事，只是保持它们彼此之间进行对话，并且如果有可能的话，促进它们互相学习。而且我们已经在学习了。今天，在说英语的加拿大人的学校中，不再有人学习我孩童时代学过的历史，那是一个将原住民和魁北克人在他们自己的土地上伐木、汲水的经历排除在外的历史。

我们应当明白，民族之间的认同不仅仅是让步和协商的简单过程。如果更充分地思考，认同是一种扩展行动,使双方能够设想和平共处的全新可能性。我们不只是相互承认各自的身份,还要就我们共同可以改变的未来取得认同。为此,我们必须认同已经拥有的东西:一个和平的王国,一个各种语言、文化和民族都在正义拱顶之下获得安身之处的地方。这是我们存在的意义,是我们献给这个世界的典范,是我们永不会彻底实现的可能性。

这些讲座想要指出的正是加拿大这种可能性之所在。但讲座也想把加拿大的经验放置在一个更宏大的背景之下。革命是全球性的,所有试图在权利时代保持凝聚力和公正生活的民主国家都被迫面对革命带来的挑战。挑战在于调和共同体与权利时代的多样性。权利革命让我们觉醒,意识到我们有多么的不同,无论作为个体还是民族。我们的差异看上去也许不算大,却是我们身份的基础。这可以称为微小差异的自恋。[22] 我们不纠结于共同拥有什么;我们的每一个时尚宣言都在宣告我们的独一无二。

这不是说我们完全没有共同之处。以赛亚·伯林曾经说过,我们的道德话语将我们放置于一个"人类视域"(human horizon)之内。[23] 我们对人类生活的

第五讲 权利、认同和民族主义

终极去向和目标争论不休,但说到底,我们是在这个视域之内争论。价值观——把它们叫作"人类"的价值观——必须在人类视域之内。这是为什么权利文化不是相对主义的原因:在任何文化中,在任何历史时代,对谋杀、暴力、盗窃、背叛以及撒谎的认识都是相同的。但这种人类共同视域非常遥远,它是更外层的边界。在这个共同的视域之内,离自己愈近,我们的分歧可能会更深刻:谋杀是谋杀,但比如堕胎算不算谋杀?不可调和的道德冲突总是会发生,原因在于,即使我们从同样的原则开始,但放在特殊情况下,我们对这些原则所具有的意义和如何应用会产生分歧。所以,如果我们真的有那么大的差异,怎么能取得足够的共识、和平地共同生活?

到了共情该出场发挥基本作用的时候了,它指的是人类进入其他人思想的能力。我们进入他人的思想,不仅仅因为我们能够进入,而且因为我们需要进入。我们需要其他人的赞同;我们的自我之所以存在,依赖于知道其他人怎么看待我们。我们需要其他人,是因为我们看不见自己。就像弗吉尼亚·伍尔芙[1]说的,

---

[1] 弗吉尼亚·伍尔芙(Virgnia Woolf,1882—1941),英国女作家。

我们的后脑勺中央有一个一先令硬币大小的圆圈部位,无论我们如何努力,都没法看得到它。只有其他人可以看到,告诉我们它的样子。我们所谓的个人主义,是社会性的。

在一个自由社会,秩序的前提条件是一种想象行为:不是道德共识或共同价值,而是理解与我们不同的道德世界的能力。我们也许存在差异,但我们能够想象成为对方会是什么样子。

我们的共情能力是有限制的。在克劳德·朗兹曼[1]讲述波兰大屠杀的影片《浩劫》(*Shoah*)中,你会记住那个波兰农民,他的田地紧邻一个死亡集中营。灰烬洒落在他的地里。他被问及,当看到人类同胞化成青烟升入天空时,是什么感觉。他回答:"切到自己的手指的时候,我能感觉到;其他人切到他们的手指的时候,我只能看到。"

想象只能把我们带到这么远的地方;对于我们而言,自己的感觉总是比其他人的经验更真实。我们生活在影响力逐渐减弱的同心圆的中心:首先是我们自己,然后是我们所爱的人,而只有到很后面才不无遗

1　克劳德·朗兹曼(Claude Lanzmann,1925—2018),法国纪录片导演。

憾地轮到我们的同类生物。但跟我们的自私一样，其他人对我们并不完美的道德影响是与我们有关的确凿事实。就是基于这些事实——以及我们想象事实的能力——我们才尽力建设出这样的共同体。

如何创造一个共同的世界？我们接受现实的人类个体——富裕的，贫穷的，年轻的，年老的，同性恋，异性恋，白人，黑人，混血的，天主教徒，东正教徒，穆斯林，犹太教徒（也就是表现出具体差异的全体人类）——我们想象他们是享有权利的平等主体。走进任何法院、警察局或者福利署的办公室，你会找到真实具体的个体。他们不理会所接待的每一个人的表面差异，将他们看作法律之下平等的人。他们表现的是一种道德想象。然而正是这种想象以及我们对它的投入，才能使我们走向公正。公共机制的整体正当性依赖于我们对差异保持敏感，同时平等地对待所有人。这是一场赌博，是我们的社会赖以生存的独特想象行为。

这是一场新的赌博，是十七世纪的时候由约翰·洛克（John Locke）这样的自由主义政治哲学奠基之父们构想而来的。可以说，他们从未想到，一个权利社会可以由严格字面意义上的人组成。他们最初的思想实验是排他性地限定在有产的白人男性之中。但这种理想一旦被构想出来,便木已成舟。只要有产白人男性开始把自己想象成为享有权利的平等主体,很快那些没有财产的人就开始发问,为什么把他们排除在外……然后是女性……然后是白人之外的民族。一旦这一自由主义的想象在一个社会之中落地生根,那么在逻辑上就无法阻止这一承诺面向所有人类开放。

西方国家的政治和社会历史,是一部所有人类群体为了获得纳入而斗争的故事。这一宏大的历史进程开始于十六世纪的欧洲宗教战争,只是到了现在,在权利革命开展四十年后,它才成功地进入收官阶段。

所有这些都是我们活生生的历史如此重要的一部分,我们几乎没有注意到它的巨大历史意义。我们生活在第一个这样的人类社会,它真正努力地创造一个假定每个人——严格字面意义上的每个人——都拥有归属权利的政治共同体。我们都走在同一条危机四伏的旅途之上,不管我们将与分歧并存,还是因为分歧而灭亡。

从波斯尼亚到阿富汗,从卢旺达到科索沃,民族

第五讲 权利、认同和民族主义

战士们似乎决心证明,在不同种族的人类之间,权利平等只是一种感性的幻想。他们正在拼杀出以血缘和共同起源的幻觉为基础的国家,取代以权利为基础的社会。我们努力想要证明,种族清洗者们错了。在将所有人类纳入同一政治共同体的社会中,他们对未来的那种设想不会实现,不管是对我们还是对他们暴政之下的人民而言。

我们有理由满怀希望,不只是因为像加拿大这样的地方足够富足,有能力缓和在贫穷国家无法解决的冲突。我们是幸运的,还因为曾经作为殖民地民族,我们在自由的生活中接受了熏陶。今天,在我们多民族、多文化的城市中,我们想要证明一项种族和平的全新实验是可行的,而且我们已经明白,秩序的前提条件很简单:法律之下的平等保护,辅之以为不同民族创造行动能力,彼此之间不是视作部落或氏族的成员,而是视作公民。我们不需要对共同的价值要求太多,甚至不需要太多的共同生活。人们应当生活在他们愿意生活的地方,与他们想要的人生活在一起。关键前提是权利的平等;它完全取决于我们的差异能否在正当的法治保护拱顶之下得以安身。

所以，一个自由社会的统一和凝聚，不会因为我们来自上千个不同的传统、崇拜不同的神灵、吃不同的食物、生活在城镇的不同部分、讲不同的语言而受到威胁。给我们的要求是认同、共情，如果可能的话，还要创造和谐。那位睿智的法裔加拿大法官做出的一项判决给原住民同胞公民带去迟来的公正，我们再一次引用判决中的话："让我们面对一个事实：我们都要留在这里。"

注 释

一、民主和权利革命

[1] Tom Wicker, *A Time to Die: The Attica Prison Revolt* (New York: Times Books, 1975).

[2] 关于新西兰原住民主张的法律和传统,参见 F. M. Brookfield, *Waitangi and Indigenous Rights: Revolution Law and Legitimation* (Auckland: Auckland University Press,1999)。

[3] Peter H. Russell, *Constitutional Odyssey: Can Canadians Be a Sovereign People?* (Toronto: University of Toronto Press, 1992).

[4] "In the Matter of Section 53 of the Supreme Court Act (Reference Re Secession of Quebec), [1998]," S.C.R. 217. 亦参见 Diane F. Orentlicher, "Separation Anxiety: International Responses to Ethno-Separatist Claims," *Yale Journal of International Law* 23, no. 1 (1998)。

[5] J. P. Humphrey, *Human Rights and the United Nations: A Great Adventure* (New York: Transnational, 1984); 亦见 Johannes Morsink, *The Universal Declaration of Human Rights: Origins,*

Drafting and Intent (Philadelphia: University of Pennsylvania Press, 1999)。

[6] John Packer, "Making International Law Matter in Preventing Ethnic Conflict: A Practitioner's Perspective," *New York University Journal of International Law and Politics* 32 (Spring 2000): 3, 715–24.

[7] 我曾在《虚拟战争：科索沃内外》(*Virtual War: Kosovo and Beyond,* Toronto: Penguin, 2000) 一书中讨论过路易丝·阿伯在科索沃的工作。

[8] Will Kymlicka, *Multicultural Citizenship: A Liberal Theory of Minority Rights* (Oxford: Clarendon Press, 1995; 威尔·金里卡,《多元文化公民权：一种有关少数族群权利的自由主义理论》,杨立峰译,上海译文出版社, 2009).

[9] James Tully, *Strange Multiplicity: Constitutionalism in an Age of Diversity* (Cambridge: Cambridge University Press, 1995; 詹姆斯·塔利,《陌生的多样性：歧义时代的宪政主义》,黄俊龙译,上海译文出版社, 2005); Charles Taylor, "The Politics of Recognition," in *Multiculturalism: Examining the Politics of Recognition*, ed. Amy Gutmann (Princeton, N.J.: Princeton University Press, 1994; 查尔斯·泰勒,《承认的政治》,董之林、陈燕谷译,载汪晖、陈燕谷主编《文化与公共性》,北京：生活·读书·新知三联书店, 1998); Russell, *Constitutional Odyssey*.

[10] 《加拿大权利与自由宪章》(*The Charter of Rights and Freedoms: A Guide for Canadians*, Ottawa: Publications Canada, 1984),"平等权利"："上述第 (1) 款不排除任何旨在改善弱势团体或个人之不利地位的法律、计划或活动,弱势团体和个人包括因种族、国家或族裔出身、肤色、宗教、性别、年龄、智力障碍或身体残疾而处于不利地位者。"（中文译文来自 Government of

Canada Publications 网站）

[11] Kirk Makin, "Canadian Legal Wisdom a Hot Commodity Abroad," *Globe and Mail*, 1 Sept. 2000.

[12] Richard Rorty, *Truth and Moral Progress: Philosophical Papers* (Cambridge: Cambridge University Press, 1998), 11.

[13] Joel Bakan, *Just Words: Constitutional Rights and Social Wrongs* (Toronto: University of Toronto Press, 1997), 94−98.

[14] 关于对少数群体的"外部保护"（external protections）和少数群体之内的"内部限制"（internal restrictions）的区别，参见 Kymlicka, *Multicultural Citizenship*, 7（威尔·金里卡，《多元文化公民权》，第8—9页）。

[15] Avishai Margalit and Moshe Halbertal, "Liberalism and the Right to Culture," *Social Research* 61, no. 3: 491−510.

[16] Bakan, *Just Words*, introduction.

[17] "Judge Refuses to Ban Spanking of Children," *Globe and Mail*, 6 July 2000; "Court Upholds Child Spanking," *National Post*, 6 July 2000.

[18] Ronald Beiner, *What's the Matter with Liberalism?* (Berkeley: University of California Press, 1992), ch. 4.

[19] 我在拙著《作为政治的人权和作为偶像的人权》（*Human Rights as Politics and as Idolatry: The Tanner Lectures in Human Values*, Princeton, N.J.: Princeton University Press, 2001）中对这些观点作了进一步阐述。

[20] 关于协商（deliberation）的思想，参见 Amy Gutmann and Dennis Thompson, *Democracy and Disagreement* (Cambridge, Mass: Belknap Press, 1997; 阿米·古特曼、丹尼斯·汤普森，《民主与分歧》，杨立峰、葛水林、应奇译，北京：东方出版社，2007）。

二、人的权利和人的差异

[1] 关于将权利视作资产阶级意识形态,最常被引用的论述可以从卡尔·马克思(Karl Marx)《论犹太人问题》(On the Jewish Question, 1843)中找到。在加拿大,对《加拿大权利与自由宪章》在社会和经济弱势群体方面的缺陷,最有力的批评参见 Bakan, *Just Words*,另一种不同形式的批评参见 Michael Mandel, *The Charter of Rights and the Legalization of Politics in Canada*, 2d ed. (Toronto: Thompson Educational Publishing, 1994)。

[2] Bakan, *Just Words*.

[3] Leszek Kolakowski, *Modernity on Endless Trial* (Chicago: University of Chicago Press, 1990; 莱泽克·科拉科夫斯基,《经受无穷拷问的现代性》,李志江译,哈尔滨:黑龙江大学出版社,2013).

[4] Joseph de Maistre, *Considérations sur la France* (1797), ed. P. Manent (Paris: Éditions Complexe, 1988), 87; 亦见 Antonio Cassese, "Are Human Rights Truly Universal?" in *The Politics of Human Rights*, ed. Obrad Savic (London: Verso, 1999), 120–49. 关于德·迈斯特一般的讨论,见 Isaiah Berlin, *The Crooked Timber of Humanity: Chapters in the History of Ideas*, ed. Henry Hardy (London: John Murray, 1990; 以赛亚·伯林,《扭曲的人性之材》,岳秀坤译,南京:译林出版社,2021)。

[5] Jeremy Bentham, "Anarchical Fallacies," in *The Works of Jeremy Bentham*, ed. John Bowring (Edinburgh, 1843), 494–501.

[6] 关于全球化媒体和人权良知之间的互动关系,我在写作中有广泛涉及,例如,可以参见《战士的荣耀:民族战争和现代良知》(*The Warrior's Honour: Ethnic War and the Modern Conscience*,

Toronto: Penguin, 1998)。

[7] Kymlicka, *Multicultural Citizenship*, 124-127 (威尔·金里卡,《多元文化公民权》, 第159—163页)。

[8] 关于移民限制的伦理, 参见 Michael Walzer, *Spheres of Justice* (Oxford: Martin Robertson, 1983), 40-46; 亦参见 J. H. Carens, "Aliens and Citizens: The Case for Open Borders," *Review of Politics* 49(2): 251-273.

[9] Heather Pringle, "Alberta Barren," *Saturday Night* (June 1997): 30-37; *Muir v. Alberta*, 305, 36, *Alberta Law Reports* 3d.: 305-373.

[10] Charles Dickens, *Bleak House* (New York: W.W. Norton, 1977; 查尔斯·狄更斯,《荒凉山庄》, 黄邦杰、陈少衡、张自谋译, 上海译文出版社, 1998), 34-45 (中文版第47—62页)。

[11] 在莎士比亚的《李尔王》中, 可以找到我们文化中审视人之平等性的一个范例, 尤其是在第一幕的结尾, 以"啊, 不要跟我说什么需要不需要"开头的那段著名台词。在这里, 国王所捍卫的主张是, 以人性的方式对待人们, 就是根据每一个人的需要区别对待他们, 于是国王要有相匹配的衣冠和随从。我在《陌生人的需求》(*The Needs of Strangers*, Toronto: Penguin, 1984)一书中详细讨论过这个演讲。(译者按: 李尔王的这段台词参见: 莎士比亚,《李尔王》第二幕第四场, 朱生豪译, 方平校,《莎士比亚全集》第九卷, 人民文学出版社, 1978, 第204页)

[12] 对这个观点最彻底的讨论可以在普里莫·莱维 (Primo Levi) 的《这是不是个人》(*If This Is a Man*, London: Abacus, 1971, 1996; 沈萼梅译, 北京: 人民文学出版社, 2016) 中找到。

[13] Hannah Arendt, *The Origins of Totalitarianism* (New York: Harcourt and Brace, 1973; 汉娜·阿伦特,《极权主义的起源》(第二版), 林骧华译, 北京: 生活·读书·新知三联书店,

2014), 300（中文版 393—394 页）。

[14] 关于自然权利理论（natural rights theories），参见 Richard Tuck, *Natural Rights Theories* (Cambridge: Cambridge University Press, 1979).

[15] A. H. Robertson and J. G. Merrills, *Human Rights in the World*, 4th ed. (Manchester: Manchester University Press, 1996), chs. 4 and 5.

[16] Amnesty International, *Rights for All: Country Report, USA* (London: Amnesty International, 1998).

[17] 关于权利的自恋，参见 Michael Ignatieff, "Out of Order," *Index on Censorship* 3: 98; 亦见 William Schabas, *The Abolition of the Death Penalty in International Law* (Cambridge: Cambridge University Press, 1997)。

[18] 埃莉诺·罗斯福在起草《世界人权宣言》中的作用，以及美国对国际人权官方态度的变化，参见 Paul Gordon Lauren, *The Evolution of International Human Rights* (Philadelphia: University of Pennsylvania Press, 1998)。

[19] 关于干预权利与人民主权之间的冲突，我在《作为政治的人权和作为偶像的人权》一书中有过探讨。也可参见这本书中颇有裨益的下列文章：Mortimer Sellers, ed., *The New World Order: Sovereignty, Human Rights and the Self-Determination of Peoples* (Washington, D.C.: Berg, 1996)。

[20] 这里关于正当军事干预之准则的讨论，我要非常感谢 Richard Goldstone 和 Carl Tham 联合主持的科索沃国际委员会的诸多探讨，以及该委员会成员 Martha Minow、Richard Falk 和 Jacques Rupnik 的工作。该报告将于 2000 年 10 月在纽约提交给联合国秘书长。

[21] 我本人对科索沃干预之道德性和合法性的观点，参见

拙著《虚拟战争》(*Virtual War*)。

三、台球桌还是百衲被：个体权利和群体权利

[1] 本章的整个讨论来自塔利（Tully），《陌生的多样性》(*Strange Multiplicity*)。

[2] Eugen Weber, *Peasants into Frenchmen: The Modernization of Rural France, 1870–1914* (Stanford, Calif.: Stanford University Press, 1979).

[3] 这种历史韧性的一个例证，参见 Joseph Gosnell, "Making History: Chief Gosnell's Historic Speech to the British Columbia Legislature," 2 Dec. 1998, on the Nisga'a Treaty，可以通过 www.ntc.bc.ca 在线获取。也可参见 Augie Fleras and Jean Leonard Elliott, *The "Nations Within": Aboriginal-State Relations in Canada, the United States and New Zealand* (Toronto: Oxford University Press, 1992)。关于原住民的自决权，参见 Garth Nettheim, "'Peoples' and 'Populations': Indigenous Peoples and the Rights of Peoples," in *The Rights of Peoples*, ed. James Crawford (Oxford: Clarendon Press, 1988)，以及 Patrick Thornberry, *International Law and the Rights of Minorities* (Oxford: Clarendon Press, 1991), 331–375。

[4] Pierre E. Trudeau, *Federalism and the French Canadians* (Toronto: Macmillan, 1968). 亦见 Canada, Prime Minister's Office, *Federalism for the Future: A Statement of Policy by the Government of Canada* (Ottawa: Queen's Printer, 1968)。

[5] Canada, Department of Indian Affairs and Northern Development, *Statement of the Government of Canada on Indian Policy* (Ottawa: Indian Affairs, 1969).

[6] "Dhaliwal Offers Fishing Deals to BC Natives to Avoid

Litigation," *National Post*, 8 Apr. 2000.

[7] 由于与马斯琴（Musqueam）保留地的非原住民土地拥有者在房产税问题上发生争执，温哥华的马斯琴部落曾被告上加拿大联邦法庭，参见 *Huyck et al. versus Musqueam Indian Band Council*, Federal Court, Vancouver, May 2000。

[8] Quebec, La Charte de la langue française, title 1, chapter 8, sections 72–85. 在线版见 www.olf.gouv.qc.ca。

[9] 我想要感谢威尔·金里卡在《多元文化公民身份》(*Multicultural Citizenship*) 第114—115页（中文版第147—149页）就国家中立性所作的讨论。

[10] 对加拿大多元文化政治的批评，见 Neil Bissoondath, *Selling Illusions: The Cult of Multiculturalism in Canada* (Toronto: Penguin Books, 1994)，关于美国的多元文化主义，见 David Hollinger, *Post-Ethnic America: Beyond Multiculturalism* (New York: Basic Books, 1995)。

[11] Marc Chevrier, "Laws and Language in Quebec: The Principles and Means of Quebec's Language Policy" (Quebec: Ministry of International Relations, 1997). 在线版见 www.mri.gouv.qc.ca。

[12] 见 Kymlicka, *Multicultural Citizenship*, 163–172（威尔·金里卡，《多元文化公民权》，第208—220页）。

[13] Margalit and Halbertal, "Liberalism and the Right to Culture."

[14] Martha Minow, *Between Vengeance and Forgiveness: Facing History after Genocide and Mass Violence* (Boston: Beacon Press, 1998). 以及 Eleazar Barkan, *The Guilt of Nations: Restitution and Negotiating Historical Injustices* (New York: W.W. Norton, 2000)。

[15] Charles E. Hendry, *Beyond Traplines: Does the Church Really Care? Towards an Assessment of the Work of the Anglican Church of Canada with Canada's Native Peoples* (Toronto: Anglican Book Centre, 1998); "Money Could Run Out in 2001," *Anglican Journal* 126, no. 6 (June 2000). 亦见 "Priests Ask Taxpayers to Cover Cost of Abuses," *Globe and Mail*, 12 July 2000。

[16] 感谢 Russell 对这些事件所作的权威总结，参见 Russell, *Constitutional Odyssey*, chs. 7–10。

[17] 从主权支持者视角对加拿大宪政历程的阐述，参见 www.premier.gouv.qc.ca/premier_ministre。

[18] Canada, "Report of the Royal Commission on Aboriginal Peoples," vol. 2 (Ottawa: Canada Communications Group, 1996), 163–244. 亦见 *Delgamuukw v. the Queen et al.*, Supreme Court of British Columbia, 0843 (1991)。

[19] Canada, Department of Indian and Northern Affairs, *Aboriginal Self-Government: Federal Policy Guide*. 在线版见 www.inac.gc.ca。

[20] Tom Flanagan, *First Nations, Second Thoughts?* (Montreal: McGill-Queen's University Press, 2000), ch. 6.

[21] British Columbia Treaty Commission, *Annual Report 2000*. 在线版见 www.bctreaty.net。

四、权利、亲密和家庭生活

[1] Mary McCarthy and Joanna Radbord, "Family Law for Same-Sex Couples: Chart(er)ing the Course," *Canadian Journal of Family Law* 15, no. 101 (1998).

[2] Taylor, "The Politics of Recognition," in *Multiculturalism*,

ed. Gutmann. (查尔斯·泰勒,《承认的政治》, 载汪晖、陈燕谷主编《文化与公共性》)

[3] Michael Walzer, *On Toleration* (New Haven, Conn.: Yale University Press, 1997).

[4] Francis Fukuyama, *The Great Disruption: Human Nature and the Reconstitution of Social Order* (New York: The Free Press, 1999; 弗朗西斯·福山,《大断裂：人类本性与社会秩序的重建》, 南宁：广西师范大学出版社, 2015). 也参见 Roderick Phillips, *Putting Asunder: A History of Divorce in Western Society* (Cambridge: Cambridge University Press, 1988; 罗德里克·菲利普斯,《分道扬镳：离婚简史》, 李公昭译, 北京：中国对外翻译出版公司, 1998)。

[5] George Grant, *English-Speaking Justice* (Toronto: Anansi, 1974, 1985), 69–90.

[6] Joseph Schumpeter, *Capitalism, Socialism, and Democracy* (New York: Harper & Brothers, 1942; 约瑟夫·熊彼特,《资本主义、社会主义与民主》, 吴良健译, 北京：商务印书馆, 1999).

[7] Christopher Lasch, *Haven in a Heartless World* (New York: Basic Books, 1977); 亦见 Fukuyama, *The Great Disruption* (弗朗西斯·福山,《大断裂》)。

[8] Nicholas Bala, "A Report from Canada's Gender War Zone: Reforming the Child-Related Provisions of the Divorce Act," *Canadian Journal of Family Law* 16, no. 2 (1999): 163–227.

[9] Fukuyama, The *Great Disruption*, 41–42, 84, 115 (弗朗西斯·福山,《大断裂》, 第45—46页、88页、199页).

[10] Winifred Holland, "Intimate Relationships in the New Millennium: The Assimilation of Marriage and Cohabitation," *Canadian Journal of Family Law* 17, no. 1 (2000): 114–168.

[11] "Judge Refuses to Ban Spanking of Children," *Globe and Mail*, 6 July 2000.

[12] Statistics Canada, *Household Unpaid Work* (Ottawa, 1995).

[13] Lionel Trilling, *Sincerity and Authenticity* (Cambridge, Mass.: Harvard University Press, 1972); 亦见 Marshall Berman, *The Politics of Authenticity* (New York: Atheneum, 1970)。

[14] Fukuyama, *The Great Disruption* (New York: The Free Press, 1999; 弗朗西斯·福山,《大断裂：人类本性与社会秩序的重建》,南宁：广西师范大学出版社, 2015).

[15] Teresa Foley, "Dobson v. Dobson: Tort Liability for Expectant Mothers," *Saskatchewan Law Review* (1998): 61, 177; 亦见Sandra Rogers, "Case Comment and Note: Winnipeg Child and Family Services v. D.F.G: Juridical Interference with Pregnant Women in the Alleged Interest of the Fetus," *Alberta Law Review* 36, no. 711 (1998)。

[16] Statistics Canada, *Divorces 1995* (Ottawa, 1995), table 8 at 20. 亦见 Bala, "Canada's Gender War Zone," note 1。

[17] Bala, note 1.

[18] Bala, note 1.

[19] 我第一次提出这些观点，是1996年在多伦多大学维多利亚学院所作的一次讲座上，该讲座题为《基斯·戴维讲座：为自由主义价值观念辩护》("Liberal Values, a Defence: The Keith Davey Lecture")。

[20] Isaiah Berlin, *Four Essays on Liberty* (New York: Oxford University Press, 1969; 以赛亚·伯林,《自由论〈自由四论〉（扩充版）》,胡传胜译,南京：译林出版社, 2003), 167–172 (中文版188—194页)。

五、权利、认同和民族主义

[1] Richard Gwyn, *Nationalism without Walls: The Unbearable Lightness of Being Canadian* (Toronto: McClelland and Stewart, 1996), ch. 10.

[2] Al Etmanski, *A Good Life* (Burnaby, B.C.: Planned Lifetime Advocacy Network, 2000). 感谢温哥华市议员萨姆·萨利文（Sam Sullivan）与我讨论残疾人权利相关的各种问题。

[3] "Legal Lobster War Heats Up," *Globe and Mail*, 18 Aug. 2000.

[4] "Uneasy Peace Reigns over Burnt Church," *Globe and Mail*, 16 Aug. 2000.

[5] Ovide Mercredi and Mary Ellen Turpel, *In the Rapids: Navigating the Future of First Nations* (Toronto: Viking, 1993).

[6] Flanagan, *First Nations, Second Thoughts*, ch. 2.

[7] Canada, Supreme Court, *Delgamuukw: Decision on Aboriginal Title* (Vancouver: Greystone Books, 1998), 13.

[8] 关于这些术语的讨论，参见拙著《血缘与归属：探寻新民族主义之旅》（*Blood and Belonging: Journeys into the New Nationalism*, Toronto: Penguin, 1993; 成起宏译，北京：中央编译出版社，2017）的导论。

[9] Maurizio Viroli, *For Love of Country: An Essay on Patriotism and Nationalism* (Oxford: Clarendon Press, 1995; 毛里齐奥·维罗里，《关于爱国：论爱国主义与民族主义》，潘亚玲译，上海人民出版社，2016).

[10] Pringle, "Alberta Barren," 30–37; Graham Thomson, "Outrageous System Regarded Them as Morons," *Edmonton Journal*, 2 Nov. 1999; Muir v. Alberta, 305, 36, *Alberta Law Reports* 3d.: 305–373.

[11] Stephen Holmes and Cass R. Sunstein, *The Cost of Rights: Why Liberty Depends on Taxes* (New York: W.W. Norton, 1999; 史蒂芬·霍尔姆斯、凯斯·R. 桑斯坦,《权利的成本:为什么自由依赖于税》,毕竞悦译,北京大学出版社,2004)。

[12] Bernard Yack, "The Myth of the Civic Nation," in *Theorizing Nationalism*, ed. Robert Beiner (Albany: State University of New York Press, 1999), 103-119. Philip Resnick, "Civic and Ethnic Nationalism: Lessons from the Canadian Case," in *Canadian Political Philosophy: Contemporary Reflections*, eds. R. Beiner and W. Norman (Toronto: University of Toronto Press, 2000).

[13] Edmund Burke [1790], *Reflections on the Revolution in France*. (New York: Oxford University Press, 1993; 柏克,《法国革命论》,何兆武、彭刚译,北京:商务印书馆,2010)。

[14] Gwyn, *Nationalism without Walls*, 255-256.

[15] Rogers Brubaker, *Citizenship and Nationhood in France and Germany* (Cambridge, Mass.: Harvard University Press, 1992).

[16] Will Kymlicka, "Misunderstanding Nationalism," in *Theorizing Nationalism*, ed. Beiner, 131-141.

[17] Arthur Schlesinger, *The Disuniting of America* (New York: Norton, 1992; 小阿瑟·M. 施莱辛格,《美国的分裂:对多元文化社会的思考》,王聪悦译,上海译文出版社,2021).

[18] "Schools Fear for Immigrant Students," *Globe and Mail*, 3 Mar. 1998.

[19] Bissoondath, *Selling Illusions*.

[20] John Ralston Saul, *Reflections of a Siamese Twin: Canada at the End of the 20th Century* (Toronto: Viking, 1997), chs. 2 and 3.

[21] Richard Goldstone and Carl Tham, *International Independent Commission on Kosovo: Final Report* (New York: Oxford University Press,

2000). 我是这个委员会的成员,我支持科索沃在国际监督下有条件独立的诉求。

[22] 我在《战士的荣耀:民族战争和现代良知》(*The Warrior's Honour: Ethnic War and the Modern Conscience*, Toronto: Penguin, 1998) 一书中使用过这个术语。

[23] 参见拙著《伯林传》(*Isaiah Berlin: A Life*, Toronto: Penguin, 1998; 罗妍莉译,南京:译林出版社,2019)。

参考书目

Bakan, Joel. *Just Words: Constitutional Rights and Social Wrongs*. Toronto: University of Toronto Press, 1997.

Bala, Nicholas. "A Report from Canada's Gender War Zone: Reforming the Child-Related Provisions of the Divorce Act." *Canadian Journal of Family Law* 16 (163).

Barsh, Russel Lawrence, and James Youngblood Henderson. "Aboriginal Rights, Treaty Rights and Human Rights: Indian Tribes and 'Constitutional Renewal.'" *Journal of Canadian Studies* 17 (2): 55–81.

Beiner, Ronald. *What's the Matter with Liberalism?* Berkeley: University of California Press, 1992.

Borovoy, Alan. "How Not to Fight Racial Hatred." In *Freedom of Expression and the Charter*, edited by David Schneiderman. Toronto: Thomson Publishing, 1991.

British Columbia Treaty Commission. *Annual Report, 2000*. Vancouver, 2000.

Brownlie, Ian. "The Rights of Peoples in International Law." In *The Rights of Peoples*, edited by James Crawford. Oxford: Clarendon Press, 1988.

Canada. *The Charter of Rights and Freedoms: A Guide for Canadians*. Ottawa: Publications Canada, 1984.

———. "Report of the Royal Commission on Aboriginal Peoples." 5 vols. Ottawa: Canada Communication Group, 1996.

———. Department of Indian and Northern Affairs. *Federal Policy Guide: Aboriginal Self Government*. Ottawa, 1995.

———. Supreme Court. *Delgamuukw: Decision on Aboriginal Title*. Vancouver: Greystone Books, 1998.

———. Supreme Court. Ford v. Quebec (Attorney General). *Dominion Law Reports* 54 (4): 577–636.

Carens, J. H. "Aliens and Citizens: The Case for Open Borders." *Review of Politics* 49 (2): 251–273.

———. "Cosmopolitanism, Nationalism and Immigration: False Dichotomies and Shifting Presumptions." In *Canadian Political Philosophy: Contemporary Reflections*, edited by R. Beiner and W. Norman. Toronto: University of Toronto Press, 2000.

Cassese, Antonio. "Are Human Rights Truly Universal?" In *The Politics of Human Rights*, edited by Obrad Savic. London: Verso, 1999.

Chevrier, Marc. "Laws and Language in Quebec: The Principles and Means of Quebec's Language Policy." Quebec: Ministry of International Relations, February 1997.

Cotler, Irwin. "Racist Incitement: Giving Free Speech a Bad Name." In *Freedom of Expression and the Charter*. *See* Borovoy.

Eisenberg, Avigail. "The Politics of Individual and Group Difference in Canadian Jurisprudence." *Canadian Journal of Political Science* 27 (March 1994): 3–21.

Etmanski, Al. *A Good Life*. Burnaby, B.C.: Planned Lifetime

Advocacy Network, 2000.

Evans, Patricia M., and Gerda Wekerle, eds. *Women and the Canadian Welfare State: Challenges and Change*. Toronto: University of Toronto Press, 1997.

Fleras, Augie, and Jean Leonard Elliott. *The "Nations Within": Aboriginal-State Relations in Canada, the United States and New Zealand*. Toronto: Oxford University Press, 1992.

Gibbins, Roger, and Guy Laforest, eds. *Beyond the Impasse: Toward Reconciliation*. Montreal: Institute for Research on Public Policy, 1998.

Glendon, Mary Ann. *Rights Talk: The Impoverishment of Political Discourse*. New York, The Free Press, 1991.

Gosnell, Joseph. "Making History: Chief Gosnell's Historic Speech to the British Columbia Legislature," 2 Dec. 1998, Victoria, B.C.

Gutmann, Amy, and Dennis Thompson. *Democracy and Disagreement*. Cambridge, Mass.: Belknap Press, 1997.

Gwyn, Richard. *Nationalism without Walls: The Unbearable Lightness of Being Canadian*. Toronto: McClelland and Stewart, 1995.

Hendry, Charles E. *Beyond Traplines: Does the Church Really Care? Towards an Assessment of the Work of the Anglican Church of Canada with Canada's Native Peoples*. Toronto: Anglican Book Centre, 1998.

Hesse, Carla, and Robert Post. *Human Rights in Political Transitions: Gettysburg to Bosnia*. New York: Zone Books, 1999.

Holland, Winifred. "Intimate Relationships in the New Millennium: The Assimilation of Marriage and Cohabitation?" *Canadian Journal of Family Law* 17 (114).

Ignatieff, Michael. *Blood and Belonging: Journeys into the New Nationalism*. Toronto: Penguin, 1993.

———. *Human Rights as Politics and as Idolatry*. Princeton: Princeton University Press, 2001.

———. *Virtual War: Kosovo and Beyond*. Toronto: Penguin, 2000.

———. *The Warrior's Honour: Ethnic War and the Modern Conscience*. Toronto: Penguin, 1998.

Knopf, Rainer, and F. L. Morton, eds. *Charter Politics*. Scarborough, Ont.: Nelson Canada, 1992.

Kymlicka, Will. *Finding Our Way: Rethinking Ethnocultural Relations in Canada*. Toronto: University of Toronto Press, 1998.

———. *Multicultural Citizenship: A Liberal Theory of Minority Rights*. Oxford: Clarendon Press, 1995.

L'Heureux-Dubé, Claire. "Making Equality Work in Family Law." *Canadian Journal of Family Law* 14 (103).

Mandel, Michael. *The Charter of Rights and the Legalization of Politics in Canada*. 2d ed. Toronto: Thompson Educational Publishers, 1994.

McCarthy, Mary, and Joanna L. Radbord. "Family Law for Same-Sex Couples: Chart(er)ing the Course." *Canadian Journal of Family Law* 15 (101).

Mendes, Errol P. "Two Solitudes: Freedom of Expression and Collective Linguistic Rights in Canada: A Case Study of the Ford Decision." *National Journal of Constitutional Law* 1: 283–313.

Moore, Margaret. "Liberal Nationalism and Multiculturalism." In *Canadian Political Philosophy*. *See* Cairns.

Rae, Bob. *From Protest to Power: Personal Reflections on a Life in Politics*. Toronto: Viking, 1996.

Resnick, Philip. "Civic and Ethnic Nationalism: Lessons from the

Canadian Case." In *Canadian Political Philosophy*. *See* Carens.

Robertson, A. H., and J. G. Merrills. *Human Rights in the World*. 4th ed. Manchester: Manchester University Press, 1996.

Russell, Peter H. *Constitutional Odyssey: Can Canadians Be a Sovereign People?* Toronto: University of Toronto Press, 1992.

Saul, John Ralston. *Reflections of a Siamese Twin: Canada at the End of the 20th Century*. Toronto: Viking, 1997.

Schneiderman, David, and Kate Sutherland, eds. *Charting the Consequences: The Impact of Charter Rights on Canadian Law and Politics*. Toronto: University of Toronto Press, 1997.

Sellers, Mortimer. *The New World Order: Sovereignty, Human Rights and the Self-Determination of Peoples*. Washington, D.C.: Berg, 1996.

Sniderman, Paul, Joseph F. Fletcher, Peter H. Russell, and Philip E. Tetlock. *The Class of Rights: Liberty, Equality and Legitimacy in Pluralist Democracy*. New Haven: Yale University Press, 1997.

Steiner, Henry J., and Philip Alston. *International Human Rights in Context: Law, Politics, Morals*. Oxford: Clarendon Press, 1996.

Taylor, Charles. "The Conditions of an Unforced Consensus on Human Rights." In *The Politics of Human Rights*. *See* Cassese.

———. "The Politics of Recognition." In *Multiculturalism: Examining the Politics of Recognition*, edited by Amy Gutmann. Princeton, N.J.: Princeton University Press, 1994.

Thornberry, Patrick. *International Law and the Rights of Minorities*. Oxford: Clarendon Press, 1991.

Tully, James. *Strange Multiplicity: Constitutionalism in an Age of Diversity*. Cambridge: Cambridge University Press, 1995.

Vetterling-Braggin, Mary, Frederick A. Elliston, and Jane English, eds. *Feminism and Philosophy*. Totowa, N.J.: Rowman and Littlefield, 1981.

Waldron, Jeremy. "Minority Cultures and the Cosmopolitan Alternative." In *The Rights of Minority Cultures*, edited by Will Kymlicka. Toronto: Oxford University Press, 1995.

Weinrib, Lorraine. "The Activist Constitution." *Policy Options* (Institute for Research in Public Policy), April 1999.

———. "Does Money Talk? Commercial Expression in the Canadian Constitutional Context." In *Freedom of Expression and the Charter*. *See* Borovoy.

———. "The Notwithstanding Clause, or the Loophole Cementing the Charter." *Cité Libre* (Oct.–Nov. 1998).

Yack, Bernard. "The Myth of the Civic Nation." In *Theorizing Nationalism*, edited by Robert Beiner. Albany: State University of New York Press, 1999.

索 引

（索引中出现的页码均为原书页码，即本书页边码）

aboriginal peoples，原住民民族，14, 81, 129
  abuse of，虐待~，75, 115
  assimilation of，同化~，60, 64, 75, 83
  and citizenship，~和公民身份，60, 63
  and constitutional reform，~和宪法改革，7, 116, 117
  individual freedoms of，~的个体自由，19
  inequality of，~的不平等，63
  as minorities，~作为少数群体，66
  as nations，~作为民族，28, 58-59, 61, 66, 67, 73, 80
  vs. non-aboriginals，~对非原住民，18, 68, 82, 83-84, 114, 123
  in other countries，~在其他国家，8, 60
  redress for，~补救，74, 115
  rights denied to，~被拒绝的权利，59, 60
  social conditions of，~的社会状况，15-16
  treaty agreements with，与~的条约协议，8, 58-59, 80-81, 121
  as wards of the state，~置于国家监护之下，59, 63

aboriginal rights，原住民权利，1, 11, 16, 20, 28, 74, 76, 77, 79, 116, 118, 119, 123。参见土地权利，land rights；资源，resources；自治，self-government；条约权利，treaty rights

    in Charter of Rights and Freedoms，《权利与自由宪章》中的~，7, 12, 65

    as pre-existing，已经存在的~，28, 58-59

abortion，堕胎，7, 85, 90, 137

absolutism, moral，绝对主义，道德，17, 137

abundance，富足，91-93

abuse，虐待，22, 23。参见儿童虐待，child abuse；补偿，redress；女性，women

    of immigrants and refugees，移民和难民中的~，37, 130-131

    protection from，免受~，28, 88, 123

    of rights，滥用权利，37-38, 49, 50-52

Acadians，阿卡迪亚人，120

access rights，获取之权利，118

adjudication，裁断，9, 11, 25, 31, 82, 94, 110, 121, 126

    of competing rights claims，相互竞争的权利主张，31, 76, 80

adoption rights，收养权，86, 110

affirmative action，平权行动，11, 12, 74, 88。参见补偿，redress

Afghanistan，阿富汗，140

Africa，非洲，44

agency，能动性，23, 39, 41, 109, 111

    and human difference，~和人的差异，53

    and human rights，~和人的权利，43, 44, 53

    and identity，~和身份，24, 53

Alberta，阿尔伯塔，38, 125

anglophones，说英语的人，69, 71

Arbour, Louise，路易丝·阿伯，10–11

Asia，亚洲，44

assembly, freedom of，集会自由，33, 67

assimilation，同化，60, 61–63, 64, 75, 83

asylum, right of，避难权，37

Attica prison，阿提卡监狱，3

Australia，澳大利亚，60

authenticity, ideal of，本真性理想，99, 100, 105, 107, 111

autonomy，自治

   of cultures，文化的~，45, 73

   of the family，家庭的~，95

   individual，个体~，39, 90

Aztecs，阿兹特克，32

Baldwin, Robert，罗伯特·鲍德温，132

Baltic states，波罗的海诸国，10, 13

Beethoven, Ludwig van，路德维希·凡·贝多芬，48

Bentham, Jeremy，杰里米·边沁，35

Berlin, Isaiah，以赛亚·伯林，112, 137

best practice, standard of，最佳的实践标准，43–44

betrayal，背叛，107, 108, 137

bilingualism，双语制度，63, 64, 69

Bill 101 (Charte de la langue française)，《101法案》(《法语宪章》)，8, 69

blacks，黑人，3, 5, 11, 31

Bleak House (Dickens)，《荒凉山庄》(狄更斯)，40

Bosnia，波斯尼亚，50, 140

Brazil，巴西，60

Britain，英国，4, 5, 12, 13, 44, 132

British Columbia,不列颠哥伦比亚,120
British Conquest,英国征服,134, 135
British North America Act,《英国北美法案》,116
British Proclamation (1763),《帝国公告》(1763),28, 58
Burke, Edmund,埃德蒙·柏克,127
Burnt Church (N.B.),伯恩特彻奇(新不伦瑞克),16, 121

Canada,加拿大,6, 9, 13, 129
    as civic nationalist state, ~作为公民民族主义国家,128, 129-130
    common history of, ~共同的历史,134-136,
    distinctiveness of, ~的独特性,13-14, 27, 124-125, 132
    founding nations of, ~的奠基民族,129, 130
    founding of, ~创建,14, 28, 58(参见加拿大联邦化,Confederation)
    as multi-ethnic, multinational state, ~作为多种族、多民族的国家,10, 11, 65, 66, 130, 141
    political crisis in, ~的政治危机,6-7, 63, 76-77
    political space of, ~的政治空间,58, 62, 64-65, 67-68, 69, 78, 79, 80, 84, 114, 119
    politics in, ~的政治,11, 13-14, 33
    pre-existing differences in, ~已存在的差异,58
    pre-existing rights in, ~已存在的权利,28
    Quebec in federation of, ~联邦中的魁北克,115-116, 132-135
    rights suspended in, ~暂时禁止权利,47
    right to secede from 从~分离的权利,8-9, 133
capitalism,资本主义,23, 24, 29, 91, 92, 106
capital punishment,死刑,7, 46
Charlottetown Accord,《夏洛特敦协议》,77
Charte de la langue française (Bill 101),《法语宪章》(101法案),8, 69

Charter 77,《77 宪章》, 4

Charter of Rights and Freedoms,《权利与自由宪章》, 13, 17, 81, 117, 125

    aboriginal rights in, ~中的原住民权利, 12, 65, 81

    affirmative action in ~中的平权行动, 12

    consent to, 同意~, 67, 77

    group rights in ~中的群体权利, 7, 65

    minority rights in, ~中的少数群体权利, 66, 131–132

    and national unity, ~与国家统一, 77

    and Quebec, ~与魁北克, 77

child abuse, 虐待儿童, 22, 93, 101–102, 103

    protection from, 免受~, 21, 22, 94, 95–96, 102, 108, 111

child care, 儿童看护, 22, 86, 98, 110, 111

children, 儿童, 90, 123

    agency of, ~的能动性, 108–9

    of divorce, 离婚家庭的~, 93, 94, 100, 104, 107–108, 109

    need for limits of ~需要限制, 100, 101, 110

    vs. parents, ~与父母, 18

    and trust, ~与信任, 91, 100, 108, 109

children's rights, 儿童权利, 1, 20–21, 22, 85, 95, 108–109. 参见虐待儿童, child abuse；体罚, corporal punishment

child support, 儿童支持, 94, 101

China, 中国, 13, 32

choice, freedom of, 选择自由, 18–19, 73

Christians, 基督徒, 69–70, 72

churches, 教会, 75–76

citizenship, 公民身份, 36, 59, 60, 61, 81, 141

    vs. aboriginal status, ~与原住民地位, 60, 63

civil and political rights derived from，源自~的公民和政治权利, 34

equality of，~的平等, 61, 125, 132, 141

and human rights，~与人权, 37

unity of，~的团结, 81, 121, 125

civic equality，公民平等, 65。参见权利平等，equality of rights

in Constitution，宪法中的~, 58, 81

of Québécois，魁北克的~, 58

civic nationalist states，公民民族主义国家, 128-129, 129-130

civil rights，公民权利, 3, 47

derived from citizenship，源自公民身份的~, 34

in other countries，其他国家的~, 4, 11

political community created by，通过~创造的政治共同体, 34

civil war，内战, 9

class conflict，阶级冲突, 25

class inequality，阶级不平等, 19, 92

collective bargaining，集体协商, 5

collectivism，集体主义, 23

colonialism，殖民主义, 3

Communist bloc，共产主义集团, 3-4

community，共同体, 23, 34

bounds of，边界, 36, 41

created by rights，通过权力创造的, 32, 33-34, 53, 54, 125, 127, 139, 140

Confederation，加拿大联邦化, 28, 58。请参见加拿大的创建，Canada, founding of

conflict，冲突, 6, 25

adjudication of，裁断~, 25, 31

in Canadian rights struggles，加拿大权利斗争中的~, 9, 121

between competing rights，相互竞争的权利~，25, 30, 31
vs. violence，~与暴力，6, 9, 11
consent，同意，30, 39, 45, 67, 82, 121, 123
to citizenship，~公民身份，61
to intervention，~干预，50, 51, 52, 73
to sacrifice of individual rights，~牺牲个体权利，72
conservative critique of family and rights，保守派对家庭和权利的批判，95, 96–97, 99–101, 102–3, 104, 106, 109, 111
Constitution，宪法，58, 65
constitutional reform，宪制改革，12, 65
in Canada，加拿大的~，7, 9, 116–117
constitutional rights，宪法权利，1, 2
Convention on the Prevention and Punishment of the Crime of Genocide，《防止及惩治危害种族罪公约》，46
Convention on the Rights of the Child，《儿童权利公约》，46
Convention relating to the Status of Refugees (1951)，《关于难民地位公约》（1951），37
corporal punishment，体罚，21, 95–96
courts，法庭
in family life，家庭生活中的~，94, 106, 110
rights conflicts in，~中的权利冲突，75, 76, 81–82
cultural rights，文化权利，63, 66–67, 113, 120
as group rights，~作为群体权利，24
and multiculturalism，~与文化多元主义，70
Czechoslovakia，捷克斯洛伐克，4

Dallaire, Roméo，罗密欧·达莱尔，11
Davis Inlet (Nfld.)，戴维斯因莱特（纽芬兰与拉布拉多省），16

Declaration of Independence (U.S.),《独立宣言》(美国), 28
Declaration of the Rights of Man and Citizen,《人权和公民宣言》, 35
deficit, federal, 赤字, 联邦, 119
Delgamuukw, 德尔加木库, 124
deliberative equality, 协商平等, 25–26
de Maistre, Joseph, 约瑟夫·德·迈斯特, 35, 39
democracy, 民主, 6, 23, 46, 135
 and aboriginal peoples, ~和原住民民族, 60
 and human rights, ~和人权, 46–47
 inclusiveness of, ~的接纳, 6, 14, 26, 117–118
 and inequality, ~和不平等, 24, 29
 minorities protected from, 少数群体免受~的影响, 1–2
 and rights, ~和权利, 1–2, 14, 26, 72
devolution, 权力下放, 13, 134
Dickens, Charles, 查尔斯·狄更斯, 40
Dion, Stéphane, 斯特凡纳·迪翁, 11
disabled, 残疾人, 114, 118
dissent, right to, 异议, 有权~, 54
division of labour, 劳动分工, 86, 98。参见家庭, family
 effect of rights on, 权利对~的影响, 22, 85
 states as, 国家作为~, 78
division of powers, 分权, 81, 133–34
divorce, 离婚, 22, 85, 93–94, 101
 children of, ~家庭的儿童, 93, 94, 100, 104, 107–108, 109, 110
 impact of, ~的影响, 89, 91, 105
 men in, ~的男人, 104–105, 105–106
 rates of, ~率, 21, 90, 93, 94, 106, 107
 women's rights in, ~中的女性权利, 21

Divorce Act,《离婚法》, 93, 106

due process of law, 法律正当程序, 4, 17, 31

economic equality, 经济平等, 113

economic insecurity, 经济无保障, 20

Edmund Pettus Bridge, 埃德蒙德·佩特斯大桥, 3

education, 教育, 13, 73, 110, 111

    in Quebec, 魁北克的~, 119（参见移民, immigrants；语言权利, language rights）

employers, 雇主, 5, 20, 25

employment laws, 就业法, 110

enforcement of rights, 就业权利, 35

English Canadians, 英裔加拿大人, 14, 69, 129。参见说英语的人, anglophones

    nationalism of, ~的民族主义, 119, 134

    vs. Québécois, ~与魁北克人, 18, 19, 64, 114, 119, 122

entitlements, 享有权利, 30, 56, 126

    derived from rights, ~源自权利, 31

entry rights, 进入权, 73

equality, 平等, 1, 2, 12, 31, 86, 111, 112

    as assimilation, ~作为同化, 62, 63

    of citizenship, 公民身份的~, 61, 125, 132, 141

    deliberative, 协商~, 25–26

    and human difference, ~和人的差异, 14–15, 41

    of rights, 权利的~, 55, 62, 63, 65, 86, 119, 120, 139, 140, 141

    and scarcity, ~和稀缺, 92

equal pay for equal work, 同工同酬, 86

equal protection under the law, 法律的平等保护, 131, 141

ethnic cleansing，种族清洗，140

ethnic conflict，种族冲突，13, 140

ethnic nationalist states，种族民族主义国家，128-129, 132, 140

eugenics laws，优生法，38

Europe，欧洲，3, 7, 12, 43-44, 91

European Convention on Human Rights，《欧洲人权公约》，44

European Court of Human Rights，欧洲人权法院，44

exit rights，退出权利，18-19, 73, 79, 107

family，家庭，20, 22, 90, 91, 94, 109-110。参见儿童虐待，child abuse；离婚，divorce；女性，women；虐待，abuse of；双职工家庭，working families

    as community of rights-bearing equals, 21, 22, 100, 108, 110, 112，～作为享有权利的平等主体的共同体

    crisis in，～危机，21-22, 102（参见保守派的批判，conservative critique）

    division of labour in，～中的劳动分工，22, 85, 86, 98, 105, 110

    sacrifice in，～中的牺牲，97-98, 99, 103-104, 107, 110

    stability of，～的稳定，90, 92-93, 103-104

    trust and love in，～中的信任和爱，21, 22, 91

    types of，～类型，90, 102-104, 111

family values，家庭价值观，102-103, 110-111, 122

Federalism，联邦主义，13, 119, 133

feminism，女性主义，21, 94-95, 98-99

Fidelio，《费德里奥》，48

force, limits to use of，武力，限制使用，51, 52, 53

France，法国，4, 12, 13, 61, 127, 128

freedom of assembly，集会自由，33, 67

freedom of choice，选择自由，18-19, 73

freedom of speech，言论自由，5, 17, 33, 88

French Canadians，法裔加拿大人，14, 63。参见魁北克，Quebec；魁北克人，Québécois

    language rights of，~的语言权利，62, 63, 120

    as minority，~作为少数群体，66, 70, 71

French Revolution，法国大革命，35, 64, 127, 128

Fukuyama, Francis，弗朗西斯·福山，89-90

gay rights，同性恋权利，1, 7, 20, 85, 86, 87, 93, 110, 113, 116, 117

gays，同性恋，88。参见同性家庭，same-sex families

    approval of，赞同~，87, 89, 122-123

    vs. straights，~与异性恋，19, 114

Geneva Convention，《日内瓦公约》，46

genocide，种族屠杀，46, 51

Germany，德国，47-48, 49, 128

Goethe, Johann Wolfgang von，约翰·沃尔夫冈·冯·歌德，47

good, language of，良善的话语 20, 21, 22

government power，政府权力，28, 30

    limits on，设定~的限制，6, 28-29, 30, 97

Great Depression，大萧条，47, 98

grievances, legitimacy of，不满的正当性，29, 32, 33

group difference，群体差异，57-58, 64, 66

group identity，群体身份，60-61, 64

group recognition，群体认同，86-87

group rights，群体权利，8, 67, 70, 71

    in Charter of Rights and Freedoms，《权利与自由宪章》中的~，7, 65

as enhancing individual rights，~作为对个体权利的促进，24, 66

vs. individual rights，~与个体权利，18–19, 24, 66, 67, 69, 71, 77–78, 125

and individuals within groups，~和群体中的个体，18–19, 71–74, 79

to nationhood，民族地位的~，60

in other countries，其他国家的~，8, 12

group-rights regimes，群体权利体制，13

Gwyn, Richard，理查德·格温，128

Havel, Václav，瓦茨拉夫·哈维尔，4

health care，医保，7, 30, 110, 111

Hitler, Adolf，阿道夫·希特勒，23, 47

Hobbes, Thomas，托马斯·霍布斯，56

Holocaust，大屠杀，17, 42, 138

human difference，人的差异，53, 55, 141

and equality，~和平等，14–15, 41

and human identity，~和人的身份，14–15, 35, 41, 53, 137

in politics，政治中~，14, 57

protection of，保护~，2, 43, 53

human rights，人权，2, 35, 37, 38, 41

and democracy，~和民主，46–47

function of，~的功能，39, 43, 48

as inherent，~作为内在的继承，28, 34

and local values，~和本土价值，45–46

and natural law，~和自然法，43

origins of，~的来源，34, 39–40, 43

as residual system of entitlement，~作为剩余权利体系，36, 48

and self-defence, ~和自卫, 36, 43

as self-limiting authority, ~作为自我限制的权威, 51-52

as standard of best practice, ~作为最佳行为标准, 43-44

and state law, ~和国家法律, 28

human-rights legislation, 人权立法, 49

and national laws, ~和国家法律, 45-46

Humphrey, John, 汉弗莱,约翰, 10

identity, 身份。参见群体身份, group identity

and agency, ~和能动性, 24

Canadian, 加拿大人~, 13

of majority, 多数群体~, 114, 130

and politics, ~和政治, 14-15

immigrants, 移民

assimilation of, ~同化, 71

impact of, ~的冲击, 129-130

limits on numbers of, 对~数量限制, 37

vs. native-born Canadians, ~与本土出生的加拿大人, 114

in Quebec, ~在魁北克, 71, 72, 119, 132

rights of, ~的权利, 36-37, 66-67, 69, 72

Imperialism, 帝国主义, 50, 52, 60, 123

income inequality, 收入不平等

and democracy, ~和民主, 29

invisibility of, ~的不可见, 19, 92

and rights talk, ~和权利话语, 19-20, 24, 30

Indian Act,《印第安人法案》, 59, 63

individualism, 个人主义, 15, 24, 33

capitalist, 资本主义的~, 23, 24

in other countries, ~在其他国家, 11, 12

individualist rights regimes, 个体权利体制, 12

individual rights, 个体权利, 11, 29, 33, 49, 65

equality of, 平等的~, 7, 63, 65

vs. group rights, ~与群体权利, 18–19, 24, 66, 67, 69, 71, 77–78, 125

within groups, 群体中的~, 71–74, 79

indivisibility, 不可分割性, 39, 40

of rights, 权利的~, 48–49, 53, 125–126

inequality, 不平等, 92。参见特定形式的不平等, *particular forms of inequality*

and democracy, ~和民主, 24, 29

and rights talk, ~和权利对话, 19–20, 24, 29, 30, 92

International Criminal Tribunal for Rwanda, 卢旺达问题国际刑事法庭, 10–11

International Criminal Tribunal for the Former Yugoslavia, 前南斯拉夫问题国际刑事法庭, 10

Internet, 互联网, 5, 124

intervention, 干预, 44–45, 49–52, 73

conditions for, ~的条件, 50–52

consent to, 同意~, 50, 51, 52, 73

limits to, ~的限制, 97

Military, 军事~, 49–50, 51–52, 84

in personal lives, 个人生活中的~, 50, 52, 94–96

intimacy, 亲密, 20, 90, 100, 111

Islamic law, 伊斯兰法律, 45

Islamic world, 伊斯兰世界, 44。参见穆斯林, Muslims

Israel, 以色列, 4

Italian city states, 意大利城邦国家, 64

Japan, 日本, 90
Jews, 犹太人, 4, 42, 47, 48
Judaism, Orthodox, 正统派犹太教, 18, 19, 72
justice, 正义, 2, 30, 82, 112
justification, right to, 辩护权, 108, 112
just society, 公正社会, 64

Kiev, 基辅, 4
King, William Lyon Mackenzie, 威廉·莱昂·麦肯齐·金, 132
King Lear (Shakespeare), 《李尔王》(莎士比亚), 146 注释 11
Kolakowski, Leszek, 莱泽克·科拉科夫斯基, 33
Kosovo, 科索沃, 50, 133, 140
Kymlicka, Will, 威尔·金里卡, 11

Lafontaine, Louis-Hippolyte, 路易斯–希波利特·拉方丹, 132
Laforest, Guy, 盖伊·拉福雷, 11
Lamer, Antonio, 安东尼奥·拉美尔, 124, 141
land claims, 土地主张, 7, 80, 83
land rights, 土地权利, 68
  Aboriginal, 原住民的~, 1–2, 8, 59, 68, 80, 84, 113, 120–121, 124
  as group rights, ~作为群体权利, 18, 24, 66
  non-aboriginal, 非原住民, 68, 81, 84, 123–124, 149 注释 7
language rights, 语言权利, 1, 7, 13, 61, 62, 68, 71, 118, 120
  as group rights, ~作为群体权利, 18, 24, 66
  of immigrants, 移民的~, 66–67, 69, 71, 72
  in other countries, 其他国家的~, 10, 12

as privileges, ~作为特权, 74, 77

　　in Quebec, 在魁北克, 63, 77, 134（参见魁北克的语言立法, Quebec, language legislation in）

Lanzmann, Claude, 克劳德·朗兹曼, 138

Lapointe, Ernest, 欧内斯特·拉伯因特, 132

law, 法律, 45, 82。参见法律正当程序, due process of law; 人权立法, human-rights legislation; 自然法, natural law

　　equality under, ~之下的平等, 131, 141

　　and human rights, ~和人权, 28, 45-46

　　rule of, 法治, 39, 121, 126

　　taken into one's own hands, 把~抓在自己的手里, 36, 121

League for Social Reconstruction, 社会重建联盟, 10

legal culture, 法律文化

　　of Canada, 加拿大的~, 13

　　of Quebec, 魁北克的~, 58, 134

lesbians, rights of, 女同性恋权利, 1, 20。参见同性恋权利, gay rights

liberals, views on family and rights of, 自由派，关于家庭和权利的观点, 95, 97, 101, 102-4, 106, 108-109

Locke, John, 洛克，约翰, 57, 139

love, 爱

　　of Canada, ~加拿大, 124-125

　　in families, 家庭中的~, 21, 22

　　right to, ~的权利, 21

majorities, 多数群体

　　identity of, ~的身份, 114, 130

　　in democracies, 民主社会中的~, 2, 46

limits on，限制~ , 2, 65, 70, 114, 118
　　and national unity，~和国家团结 , 114
　　privileges of，~特权 , 69–70
　　recognition of，~认同 , 122–123
marriage，婚姻 , 90, 101
　　right to，~的权利 , 47, 73, 86, 110
Marx, Karl，卡尔·马克思 , 25, 53
McLachlin, Beverly，贝弗利·麦克拉克林 , 13
Meech Lake Accord，米奇湖协议 , 77
men，男性 , 88
　　abuse by，~施加的虐待 , 22
　　in divorce，离婚的~ , 104–105, 105–106
　　as fathers，~作为父亲 , 101, 104–105
　　vs. women，~与女性 , 18, 19, 25
mentally handicapped，精神障碍人士 , 38–39
minorities，少数群体 , 3, 12, 13, 46, 88
　　and affirmative action，~和平权行动 , 74
　　national，~的民族 , 11, 66, 68
　　protected from democracy，保护~免受民主的影响 , 1–2
　　recognition of，~的认同 , 114, 121
minority languages，少数群体语言 , 71
minority rights，少数群体权利 , 10, 11, 66, 69, 70, 79, 83, 87, 113
　　vs. national rights，~与民族权利 , 66
　　in Quebec，~在魁北克 , 71, 131–132
mobility rights，移动权利 , 118
Moguls，莫卧儿帝国 , 32
Montgomery (Alab.)，蒙哥马利（阿拉巴马）, 3
Montreal，蒙特利尔 , 131

moral individualism，道德个人主义，15

multiculturalism，多元文化主义，7, 70, 130, 131

Muslims，穆斯林，12, 19, 72

Musqueam band，马斯琴部落，149 注释 7

national cultures, rights of，民族文化的权利，44, 46, 66, 73。参见少数群体，minorities；民族，national

Nationalism，民族主义，124, 126。参见英裔加拿大人，English Canadians；魁北克，Quebec

national unity，民族团结，25, 57, 78–79, 114, 115–116, 128

 and ancestry，～和先祖，129

 and assimilation，～和同化，64

 and Charter of Rights and Freedoms，～和《权利与自由宪章》，77

 and equality of individual rights，7, 55, 63, 64, 65, 119, 124，～和个体权利的平等

 and equality of recognition，～和认同的平等，124

 and multiculturalism，～和多元文化主义，130

 and rights，～和权利，25, 113, 116–117, 119, 126–127

nation-states，民族国家，128–129, 136, 140

natural law，自然法，40, 43, 48

New Brunswick，新不伦瑞克，120

Newton, Isaac，伊萨克·牛顿，56

New Zealand，新西兰，8, 60

non-aboriginals，非原住民，121。参见土地主张，land claims；资源，resources

 vs. aboriginal peoples，与原住民民族，18, 68, 82, 83–84, 114

North America，北美，12, 91

Nunavut，努纳武特，83

Nuremberg Laws，纽伦堡法案，47

Ode to Joy，《欢乐颂》，48
Oka (Que.)，奥卡（魁北克），84, 121
Ontario，安大略，15
Organization for Security and Cooperation in Europe (OSCE)，欧洲安全合作组织，10

Pakistan，巴基斯坦，45
parents，父母，108
 vs. children，～与孩子，18, 112
parliamentary democracy，议会民主，135
patchwork quilt model of political space，政治空间的百衲被模型，57–58, 68, 78, 79, 80, 84
patriotism，爱国主义，124
pensions，养老金，8, 16, 30, 86
permissiveness，放纵，100–101
Poland，波兰，3–4, 61, 138
police brutality，警察暴力，37, 130–131
political community，政治共同体，55, 62
 created by political rights，政治权利创造的～，34
political correctness，政治正确，87–88, 122
political equality，政治平等，62
political inequality, and rights talk，政治不平等和权利对话，19–20
political rights，政治权利，4, 34, 47
political space，政治空间
 Canadian，加拿大的～，58, 62, 64–65, 67–68, 69, 78, 79, 80, 84, 114, 119

patchwork quilt model of, 百衲被模型的 ~ , 57-58, 68, 78, 79, 80, 84

pool table model of, 台球桌模型的 ~ , 56-58, 64-65, 68, 78, 79, 84, 119

politics, 政治

and identity, ~和身份, 14-15

and rights talk, ~和权利话语, 17, 20

politics of reciprocity, 相互性的政治, 120

pool table model of political space, 政治空间的台球桌模型, 56-58, 64-65, 68, 78, 79, 84, 119

poor vs. rich, 贫与富, 19-20, 114

poverty, 贫穷, 19-20, 92, 105

power, 权力

distribution of, ~的分配, 56, 81, 120, 133-134

and respect, ~和尊重, 59-60

prisons, 监狱, 3, 38, 39, 46

privacy rights, 隐私权利, 30, 97

privileges, 特权, 56, 68, 73-74

vs. rights, ~与权利, 27, 55, 65

property rights, 财产权利, 4, 5, 30, 47, 80, 97

and inequality, ~和不平等, 24, 30

protest rights, 抗议权利, 18-19

Quebec, 魁北克, 14, 47, 63, 69, 77, 133, 135

anglophones in, ~的说英语的人, 69, 71

in Canadian federation, 加拿大联邦中的 ~ , 115-116, 132-135

and Charter of Rights and Freedoms, ~和《权利与自由宪章》, 77

in common history, 共同历史中的 ~ , 134-135, 136

    distinctiveness of，~的独特性, 58, 77, 119, 121, 134-135

    immigrants in，~的移民, 71, 72, 119, 132

    language legislation in，~的语言立法, 8, 58, 69, 70-72, 74, 79, 120

    language rights in，~的语言权利, 63, 77, 134

    minorities in，~的少数群体, 131-132

    as nation，~作为民族, 66, 67, 73, 133

    nationalism in，~的民族主义, 62, 76, 77, 119, 131, 132, 133-134

    Quiet Revolution，~的寂静革命, 6

    referenda in，~的公民投票, 78, 116, 131

    religious rights in，~的宗教权利, 58, 134

    rights of self-determination，~的自决权利, 9, 77, 133（参见分离，secession）

Quebec Act,《魁北克法案》, 134

Québécois，魁北克人。参见法裔加拿大人，French Canadians

    ancestry of，~的先祖, 129, 131, 132

    assimilation of，~的同化, 62, 64

    vs. English Canadians，~与英裔加拿大人, 18, 19, 62, 64, 114, 121

    as linguistic minority，作为语言的少数群体的~, 70, 71

    privileges of，~的特权, 74, 77

Quiet Revolution，寂静革命, 6

racial inequality，种族不平等, 92

racism，种族主义, 60, 61, 76, 115, 118

recognition，认同, 42, 86-87

    and approval，~和赞同, 88-89

    of differences，差异的~, 86-87, 141

    and equality of rights，~和权利平等, 86, 89

and human rights，~和人权，39-40

of individuals，个体的~，55-56

mutual，相互的~，122-124, 126, 136

political，政治的~，66, 80-81, 84

reconciliation，调和，141

redress，救济，29, 74-76, 115, 119, 125, 135

referenda，公民投票，8, 9, 77, 78, 116, 117, 131

refugees，难民，36-37

relativism，相对主义，104, 137

religion，宗教信仰，13, 40, 61, 140。参见特定的信仰，*specific religions*

religious rights，宗教权利，12, 67, 120

as group rights，~作为群体权利，24

as individual rights，~作为个体权利，67

vs. individual rights，~与个体权利，18, 19, 72-74

in Quebec，~在魁北克，58, 134

Renaissance，文艺复兴，64

residential schools，寄宿学校，60, 75

resources，资源

aboriginal rights to，原住民享有~的权利，1-2, 8, 9, 59, 68, 80, 120-21

non-aboriginal rights to，非原住民享有~的权利，68, 121

respect，尊重，2, 45, 65, 111

for human agency，对人能动性的~，39, 44

and power，~和权力，59-60

of rights of others，对其他人权利的~，33, 59

responsibilities，责任，21, 56, 112

and rights，~与权利，32, 50, 90, 96, 100, 101-102, 110

rich vs. poor，富与穷，19-20, 114

rights,权利。参见群体权利,group rights;个体权利,individual rights;特定权利,specific rights
 abuse of,滥用~,37-38
 as adjudicators of conflict,~作为冲突的裁决者,25, 31
 community created by,由~创建的共同体,32, 33-34, 53, 54, 125, 127, 139, 140
 conflict between,~之间的冲突,9, 25, 30, 31
 and democracy,~和民主,1-2, 6
 enforcement of,行使~,35
 equality of,平等的~,55, 62, 63, 65, 86, 119, 120, 139, 140, 141
 as expressing values,~作为价值观的表达,3, 31, 33, 53, 54
 as indivisible,不可见的~,48-49, 53, 125-126
 as legitimizing,~作为正当化,32, 33
 origins of,~的起源,27-29
 as precondition of agency,~作为能动性的前提条件,23, 53
 vs. privileges,~与特权,27, 55, 65
 as reciprocal,相互的~,32, 53
 and respect,~和尊重,33, 45
 and responsibilities,~和责任,32, 50, 90, 96, 100, 101-102, 110
 and societal reform,~和社会改革,32-33
rights claims,权利主张
 costs of,~的代价,119(参见救济,redress)
 and national unity,~和民族团结,119
rights culture,权利文化,33, 46
 Canadian,加拿大的~,7-9, 11-12, 13-14, 27, 124-125
 and national unity,~和民族团结,126-127
 in other countries,其他国家的~,2, 7, 8, 11-12

rights struggles,为权利斗争,4, 5-6
  benefits to all citizens of,为所有公民带来的利益,117
rights talk,权利话语,9, 18, 45, 52, 53, 78
  exported by Canada,加拿大出口的~,10-11, 13
  and inequality,~和不平等,16, 19-20, 24, 29, 30
  as language of politics,~作为政治话语,17, 20
  and language of the good,~和良善话语,20, 21, 22
  limitations of,~的限制,19-21, 24, 29
  and national unity,~和民族团结,117
  and societal reform,~和社会改革,16, 32-33, 90
right to be different,差异的权利,2, 54, 66
Roosevelt, Eleanor,埃莉诺·罗斯福,46
Rousseau, Jean-Jacques,让-雅克·卢梭,27
Royal Commission on Aboriginal Peoples,原住民民族事务皇家委员会,80
Russell, Peter,彼得·罗素,11
Russia,俄罗斯,61。参见苏联,Soviet Union
Rwanda,卢旺达,10-11, 51, 140

sacrifice,牺牲,72, 98, 126
  in family life,家庭生活中的~,97-98, 99, 103-104, 107, 110
same-sex families,同性家庭,90, 102, 103, 110, 113
Saul, John Ralston,约翰·拉斯滕·绍尔,132
Scandinavia,斯堪的纳维亚,38
scarcity,稀缺,92, 93
Schiller, (Johann Christoph) Friedrich von,(约翰·克里斯托弗·)弗里德里希·冯·席勒,48
Schumpeter, Joseph,约瑟夫·熊彼特,91

Scotland，苏格兰，12

secession，分离，8-9, 104, 122, 133

self-government，自治，67, 68, 73, 76, 79, 133, 134

    aboriginal，原住民～，3, 11-12, 16, 18, 28, 59, 60, 61, 76, 80, 82-83

    right to，～权利，13, 50, 59, 66

self-respect，自我尊重，60-61, 76, 107, 112

Selma (Alab.)，塞尔马（阿拉巴马），3

Serbia，塞尔维亚，49, 133

sexual equality，性别平等，113

sexual identity，性别身份，85, 90

sexual inequality，性别不平等，19, 92 169

sexual revolution，性别革命，85, 89, 90, 96, 106

Shakespeare, William，威廉·莎士比亚，30, 146 注释 11

Shoah，《浩劫》，138

single-parent families，单亲家庭，90, 101, 102, 104, 105

social inequality, and rights talk，社会不平等和权利话语，19-20, 24

social security，社会保障，89

Solidarity，团结工会，3-4

Somalia，索马里，50

South Africa，南非，13

sovereignty，主权

    devolution of，～下放，12, 134

    national，国家～，44, 46, 49, 50, 52

    popular，人民～，45, 46

    shared，分享～，80-81, 84

Soviet Union，苏联，4。参见俄罗斯，Russia

speech, freedom of，言论自由，5, 17, 33, 88

Sri Lanka, 斯里兰卡, 13

state-nations, 国家民族, 128-129, 129-130

states, 国家, 49。参见政治空间, political space
 abuse by, ～施加的暴力, 49, 50-51
 civic nationalist, 公民民族主义～, 128-129, 129-130
 ethnic nationalist, 种族民族主义～, 128-129, 132, 140
 legitimacy of, ～的正当性, 67
 multinational, 多民族～, 10, 11, 12-13, 65
 neutrality of, ～的中立性, 69-70, 73

sterilization, 绝育, 38-39, 125

straights vs. gays, 异性恋与同性恋, 19, 114

Strasbourg, 斯特拉斯堡, 44

Supreme Court of Canada, 加拿大最高法院, 8, 9, 10, 13, 17, 30

taxation, 税收, 24, 97, 119, 126
 exemption from, 免于～, 59, 68
 without representation, 无代表，不纳税, 68, 149 注释 7

Taylor, Charles, 查尔斯·泰勒, 11, 86

Texas, 得克萨斯, 46

The Hague, 海牙, 11

The Personal Is Political, 个人的即政治的, 17

Third World, 第三世界, 10

toleration, 宽容, 87, 88, 89, 122

Toronto, 多伦多, 129, 131

trade unions, 工会, 3, 33。参见工会权利, union rights

treaties, 条约, 8, 58-59, 80-81, 121

treaty rights, 条约权利, 15-16, 58, 61, 68, 80

Trudeau, Pierre Elliott，皮埃尔·埃利奥特·特鲁多，xii, 7, 17, 63, 64, 65, 69
trust，信任，21, 33, 91, 100, 109
Tully, James，塔利，詹姆斯，11
tyranny，暴政，23, 45, 65, 70, 88

unborn, rights of，未出世生命的权利，90, 101–102
unemployment insurance，就业保险，8, 10, 30, 110, 119
union rights，工会权利，5, 16, 20。参见工会，trade unions
United Nations，联合国，6, 37, 49, 51
United States，美国，3, 11, 13, 38, 46, 60, 128–129
    pre-existing rights in，~已存在的权利，28
    rights culture of，~的权利文化，7, 8, 11–12, 46
Universal Declaration of Human Rights，《世界人权宣言》，3, 10, 49
U.S. Congress，美国国会，46
U.S. Constitution，美国宪法，46
use rights，使用权，121, 123

values，价值观，2, 91, 130, 137
    expressed as rights，~作为权利的表达，3, 31, 33, 53, 54
    local，本土的~，45–46
Vancouver，温哥华，131, 149 注释 7
victims，受害人，17–18, 45, 50, 114–115, 119。参见救济，redress
Vienna，维也纳，4
violence，暴力，9, 76, 84, 137
    avoidance of，免于~，9, 25, 31, 32
    vs. conflict，~与冲突，6, 11
voting rights，投票权利，3, 5, 31, 47, 68

Wales,威尔士, 12

Walesa, Lech,莱赫·瓦文萨, 3

War Measures Act,《战时措施法案》, 47

wars,战争, 9, 11, 140.

welfare,福利, 7-8, 30, 93, 100, 119

welfare state,福利国家, 10, 96, 97, 102

Western culture,西方文化, 45, 90

Westphalia, peace of,《威斯特伐利亚和约》, 49

women,女性, 5, 22, 89, 90, 98

 abuse by,～施加的虐待, 101-102

 abuse of,～被虐待, 22, 95

 and affirmation action,～与平权行动, 11, 74, 88

 and constitutional reform,～与宪法改革, 7, 116, 117

 vs.men,～与男性, 18, 19, 25

women's rights,女性权利, 1, 3, 5, 20, 21, 22, 45, 86, 113, 116

 in Charter of Rights and Freedoms,《权利与自由宪章》中的～, 7, 81

 in religious groups,宗教团体中的～, 18, 72

Woolf, Virginia,弗吉尼亚·伍尔芙, 138

work,工作, 16, 106, 111

working families,双职工家庭, 91, 105, 110

working people,劳工人民, 5, 16, 20, 25

World War II,第二次世界大战, 48-49, 98

Yeats, William Butler,叶芝,威廉·巴特勒, 128

Yugoslavia,南斯拉夫, 10, 11, 50, 13

作者简介

叶礼庭（Michael Ignatieff），1947年出生于加拿大，作家、历史学家和政治家。作品包括《血缘与归属》（*Blood and Belonging*）、《战士的荣耀》（*The Warrior's Honour*）、《火与烬：政治中的成与败》（*Fire and Ashes: Success and Failure in Politics*）、《陌生人的需要》（*The Needs of Strangers*）、《痛苦的正当尺度：工业革命中的监狱，1750—1850》（*A Just Measure of Pain: The Penitentiary in the Industrial Revolution, 1750–1850*），以及《伯林传》（*Isaiah Berlin: A Life*）等。曾任教于剑桥大学、多伦多大学、哈佛大学等校，也曾担任战地记者和政治评论员多年，出任多国政府顾问。2008—2011年担任加拿大自由党领袖，2016—2021年担任匈牙利中欧大学校长。

译者简介

成起宏，毕业于南开大学，经济学硕士，现供职于上海，译著另有《血缘与归属：探寻新民族之旅》《战士的荣耀：种族战争与现代良知》等。

现代人小丛书

《培养想象》
— 诺思罗普·弗莱 _ 著

《画地为牢》
— 多丽丝·莱辛 _ 著

《技术的真相》
— 厄休拉·M. 富兰克林 _ 著

《无意识的文明》
— 约翰·拉尔斯顿·索尔 _ 著

《现代性的隐忧：需要被挽救的本真理想》
— 查尔斯·泰勒 _ 著

《偿还：债务和财富的阴暗面》
— 玛格丽特·阿特伍德 _ 著

《叙事的胜利：在大众文化时代讲故事》
— 罗伯特·弗尔福德 _ 著

《必要的幻觉：民主社会中的思想控制》
— 诺姆·乔姆斯基 _ 著

《作为意识形态的生物学：关于 DNA 的学说》
— R. C. 列万廷 _ 著

《历史的回归：21 世纪的冲突、迁徙和地缘政治》
— 珍妮弗·韦尔什 _ 著

《效率崇拜》
— 贾尼丝·格罗斯·斯坦 _ 著

《设计自由》
— 斯塔福德·比尔 _ 著

《权利革命》
— 叶礼庭 _ 著